英語の極意

杉田　敏
Sugita Satoshi

JN068523

インターナショナル新書　120

はじめに

　語学の学習で大切なのは語彙を増やし、文法をしっかり頭に入れ、正確な発音で話すことだとされてきました。しかし言語をツールとしてフルに使いこなし、外国人と丁々発止とやり合うためには、それだけでは十分ではありません。

　言語の習得には、同じ言語文化圏にいる人たちが共通して持つ「文化」を学ぶことが不可欠です。文化を理解せずに英語の語彙や文法をいくら学んでも、英語を完全にマスターすることはできません。

　言語が水面から上に出ている氷山の頭の部分だとすると、文化はその部分も含めた氷山全体です。

　本書の目的は、そうした文化の側面に焦点を当て、どのような知識を身に付ければより豊かな英語力を駆使できるかを示すことです。

AIがコミュニケーションスキルの向上に貢献

　音声認識や自動翻訳・通訳の技術は近年、長足の進歩を遂げてきました。翻訳AIの能力は、もうすでにTOEICで900点レベルを超えているそうです。英語を日本語に、瞬時にしかもかなり正確に翻訳してくれるDeepLといったソフトウェアも多くの人に利用されて

います。

また、2022年11月から無料で公開され、またたく間に利用者が月間1億人を超えた、ChatGPTという対話に特化したAIが世界中で注目を浴びています。

ChatGPTは大学生が提出するレベルのリポートを作成する能力があることが示されており、教育の現場にも混乱が生じているようです。アメリカやオーストラリアなどでは、カンニングや盗用などの可能性や、コンテンツの安全性・正確性に対する懸念を理由に、使用を禁止したり学校の端末やネットワークからアクセスできないように制限しているところもあります。

こうした「大規模言語モデル」のAIは、非常に巨大なモデルを用いて学習しているため、従来のAIよりも多くのことを覚え、その覚えた知識を使って、利用者の指示に応じて即座に受け答えをすることができます。

アメリカのある研究チームが、ChatGPTにアメリカの医師国家試験を解かせてみたところ、合格ラインとされる60パーセント前後に達したと報じられています。

AIは、「話す」「聞く」「書く」「読む」という英語の4技能の向上にも大いに役立っています。

文法上のミスをすればターミナル上で注意喚起がなされますし、間違った綴り字を書いてもコンピュータが瞬時に直してくれるような時代です。

英文のテキストを読み上げてくれるソフトウェアも

かなり普及しています。しかもイギリス英語、アメリカ英語、男性の声、女性の声などと選ぶことができるものもあるのです。

　英語ライティングにおける難関とされる冠詞の用法なども、aにするかtheがいいか、あるいは冠詞は不要なのかといった判断も、近未来的にはコンピュータが答えを出してくれるでしょう。

　コラムニストのウィリアム・サファイア（William Safire, 1929-2009）が、1999年、「ニューヨーク・タイムズ」に What Language in the Year 3000? と見出しのついたコラムを書き、1000年後に英語はどうなっているかを論じていました（1999年12月6日付）。

　その中で、紀元3000年には「すべての人の歯の中に埋め込まれた小さな通訳装置がどのような言語でも翻訳してくれるので、3000年世代の人たちは何語を話していても、瞬時に相互理解が可能になり、世界の一体感を感じることができるであろう」（... thanks to the tiny interpreter implanted in everybody's teeth — third millennarians will be blessed with instant understanding of what is being said in any language, which should convey a sense of worldly unity.）とありました。でもそうした装置は3000年を待たずとも比較的近い将来に実現しそうです。

　英語という言語そのものを学ぶ必要性は近未来的にはなくなる―とまでは言いませんが、かなり薄れるこ

とは確かでしょう。そうした時に、言語だけではなく、英語圏の人たちの文化を学ぶことがますます重要になります。

言外の意味を知る

辞書は言葉の持つ一義的な意味を示してはくれますが、「言外の意味」（connotation）についてはあまり丁寧に説明してはくれません。

たとえば、mother-in-law は「義母」「姑(しゅうとめ)」という意味で、日本では「嫁と姑は仲が悪い」ということになっていますが、アメリカでは仲が悪いのは「妻の母親と夫」というのが定番の図式です。

典型的な mother-in-law joke としてはこんなのがあります。

Two married men are talking:
"My mother-in-law is an angel."
"You're lucky. Mine's still alive."
2人の既婚男性が話をしています。
「私の義母は天使だよ」
「あんたは幸運だね。うちのはまだ生きているよ」

angel には「天使のように優しい人（特に女性や子供）」と「死後天国に迎えられた（とされる）人」の

両方の意味があることは辞書に載っていますが、一般的に既婚男性と義母との関係はどのようなものかという文化的な背景まで示してくれているものは少ないようです。

また、『刑事コロンボ』のコロンボ警部が日本語吹替バージョンで、死者のことを「仏さん」と呼ぶのに私はとても抵抗感があります。「どんな人でも、死ぬと仏様になる」というのは仏教的・日本的な考え方で、コロンボはただ単に、「死体」（corpse, dead body）のことを言っているにすぎないのです。

文化的背景を知ることで、言葉への理解はより深まるでしょう。

「背景にある文化を教えるべき」

建築家の隈研吾氏が、かつて日本経済新聞紙上で「英語教育では発音や文法だけでなく、英語の背景にある文化を教えることこそ重要」と指摘したことがあります（2008年9月29日付「日本経済新聞」）。そのためには、シェイクスピア作品、ギリシャ神話、それに聖書を学ばせるべきだという主張です。

世界を舞台に英語を使って闘うためには、英語の背景にある文化を知らなければなりません。それは単なるビジネススキルを超えた「リベラルアーツ」（liberal arts）を身に付けるということです。

リベラルアーツとは、「職業に直接関係のない学問、芸術のこと。実用的な目的から離れた純粋な教養」（『精選版 日本国語大辞典』）です。

　アメリカの教育学者E. D. ハーシュ（E. D. Hirsch Jr.）は、そうした教養のことを「文化リテラシー」（cultural literacy）と呼んでいます。それは「ある文化を理解し、その文化にすんなりと参加できる能力」（the ability to understand and participate fluently in a given culture）のことです。

　文章の読解力が理解力を左右する重要な要因ではあるものの、さらに重要なのはその背景にある幅広い知識である、とハーシュ氏は述べています。

　海外のビジネスエリートたちは、仕事が終われば、食事をしながらあるいはお酒を飲みながら、時事トピックスから話題になっている映画、本など広い分野のテーマについて語り合います。

　そうした人たちと会話、雑談をする時には、ある程度の「天下国家論」もできなければなりません。「仕事の話」（shoptalk）しかできない人は、「それだけの人間」「面白味がない」と思われるだけで決して尊敬されません。

　ただ相づちを打ちながら聞いているばかりではgood listenerではなく、bore（退屈な人）と思われてしまうだけです。欧米では「聞き上手」だけでは評価されません。こちらから話題を提供したり、雑談に参加した

りできなければ、いつしか置き去りにされてしまいます。

　シェイクスピア作品、ギリシャ神話、聖書の３つに精通していれば、欧米で教養があると思われるのは確かです。そこで気の利いたスピーチ作成などによく利用されるのが引用句事典です。　代表的なものは *Bartlett's Familiar Quotations* という1500ページ弱の分厚いハードカバーの本で、歴史上の人物の発言を中心に、映画のせりふまで膨大な引用があります。そうした中からその場に合ったフレーズを選ぶのです。

シェイクスピアを引用する

　本書のPart Ⅱでは「英語の背後にある文化」を取り上げていますが、中でもシェイクスピアのセリフは、いろいろなところで引用されます。多分、いちばん頻度の高いのは、「ハムレット」の中に出てくる To be or not to be: that is the question.「生きるべきか死ぬべきか、それが問題だ」かもしれません。

　2022年３月、イギリス議会でのビデオによる演説の中で、ウクライナのウォロディミル・ゼレンスキー（Volodymyr Zelensky）大統領は、このフレーズを引用し、「ウクライナ国民は生きることを決意した」（Ukrainians decided "to be."）と述べています。

　また、転職し会社を去って行く同僚へのカードに

Parting is such sweet sorrow.（別れとは、かくも甘美な悲しみかな）と、シェイクスピアの「ロミオとジュリエット」の中のことばを書いてあげるのも気が利いているかもしれません。

シェイクスピアが書いた演劇のタイトルそのものが成句として、現代でも使われています。たとえば、as you like it（お気に召すまま）、much ado about nothing（から騒ぎ）、all's well that ends well（終わりよければすべてよし）のように。

その他、ほとんどことわざとなっているものとしては、Love is blind.（恋は盲目なり）や All that glitters is not gold.（輝くもの必ずしも金ならず）、Cowards die many times before their deaths; the valiant never taste of death but once.（臆病者は死ぬまでに何度も死ぬ思いをするが、勇敢な者が死を味わうのは一度だけだ）などがあります。

宇宙開発とギリシャ神話

アメリカ航空宇宙局（National Aeronautics and Space Administration, NASA）は現在、「アルテミス計画」を進めています。これは有人月面探査計画で、2024年までに「初の非白人と女性」を月面に着陸させることを目標としているのです。

アルテミス（Artemis）はギリシャ神話の「月と狩

りの処女神」で、現代のフェミニスト運動の象徴にもなっています。この計画は、宇宙開発への女性の参加を推進することを目的としており、エンジニアの3割が女性です。

NASAには、神話上の人物にちなんだミッション名を付ける長い歴史があります。1950年代から、多くのロケットや打ち上げシステムにギリシャ神話の天空の神々の名前が付けられました。

「マーキュリー(Mercury) 計画」「ジェミニ (Gemini) 計画」「アポロ (Apollo) 計画」などがその代表的なものです。

聖句を知る

旧約聖書と新約聖書から成る聖書（Bible）は、英語圏で最も広く読まれている書物で、聖書の中の言葉を聖句と呼びます。聖句は英語圏の人々の日常会話の一部になっていると言っても過言ではないでしょう。

キリスト教倫理の根本原理とされる「黄金律」(golden rule) は、Do unto others as you would have them do unto you. です。「人にしてもらいたいと思うことは、あなたも人にしなさい」「おのれの欲するところを人に施せ」ということです。ただ一般的に、宗教や哲学などに限らず、「行動や物事の基本原則」「行動規範」「普遍的な真理」という意味でも使われます。

Man shall not live by bread alone.（人はパンのみ
にて生きるにあらず）は、多くの人にとって、物質的
なものだけでなく、精神的な充足も必要であることを
指摘するために使われます。

　このように聖句にはよくshallが出てきます。

　今では、聖句以外にshallという語を目にするのは、
古くからあることわざや引用句、それにお役所ことば
（officialese）くらいです。たとえばダグラス・マッカ
ーサー元帥（Gen. Douglas MacArthur, 1880-1964）
が第二次世界大戦中の1942年に、日本軍の攻撃を受け
てフィリピンから退却する時に言ったとされる I shall
return. のように強い意志を示す場合に使われています。

　平述文においては、will が一般的で、shall が用いら
れているのは、限られた場合だけです。実際、口語で
は shall も will も 'll という縮約形（we'll, she'll など）を
使うことが多く、アメリカ英語でもイギリス英語でも、
shall と will は現在ではあまり厳密に区別をしなくなっ
てきています。

　聖句には次のような例があります。

　Blessed are the meek; for they shall inherit the
earth.
「柔和な人たちは幸いである。彼らは地を受け継ぐで
あろう」

　Ask, and it shall be given you.
「求めよ、さらば与えられん」

Seek and ye shall find; knock and it shall be opened unto you.

「尋ねよ、さらば見出さん。叩けよ、さらば開かれん」

As you sow, so you shall reap.

「自分で蒔いた種は自分で刈らねばならない」

その他、David and Goliath は羊飼いの少年ダビデと巨人戦士ゴリアテのことで、立場的に弱小な者が強大な者を打ち負かす喩えとしてよく用いられます。

ウクライナのゼレンスキー大統領は、2023年2月に開かれたミュンヘン安全保障会議にビデオメッセージを送り、その中で united Davids of the free world ということばを使い、西側が団結して戦うことを呼びかけました。

また、「ダビデがゴリアテを打ち負かしたのは、会話の力ではなく行動の力、つまり投石器（sling）の力です。私たちにはまだ投石器がありません」と武器供与の緊急性を重ねて訴えたのです。

道徳的な教訓としてのイソップ寓話

イソップ寓話として伝わっている物語は現在、300以上あると言われ、その多くは日本でもよく知られています。

中でも有名なのは、「アリとキリギリス」「ウサギとカメ」「カラスと水差し」などでしょう。

日本では「ネズミの相談」として知られているお話からは bell the cat（猫の首に鈴をつける）という成句が生まれました。これは「他人が嫌がる中で進んで難局に当たる」という意味で使われています。

「羊飼いとオオカミ」の話からは「うそをついて人々を驚かせる」という意味の cry wolf という成句が有名です。日本では「オオカミ少年」とも呼ばれています。

「キツネとブドウ」の話は、キツネがブドウを見つけたのですが何度ジャンプしてもなかなかブドウの実に届かず、しまいには「どうせこれはすっぱいブドウだ」と負け惜しみを言って去るというものです。

　そこから cry sour grapes で「負け惜しみを言う」というイディオムになりました。sour grapes は「すっぱいぶどう」ですが、手に入らないものの悪口を言って気休めにすることです。

「笑顔があれば何でも言える」

　同じ言語文化圏にいる人たちが共通して持つ「文化」を学ぶことが、言語の習得には不可欠だということを述べてきましたが、それはシェイクスピア作品やギリシャ神話、聖句といった古典的なことがらだけではありません。

　Part I は「人の心に残る言葉」として、アメリカ人ならば誰でも知っているようなスローガンやよく目に

するキャッチフレーズ、決まり文句を解説しています。

　こうした普通に使われる語句の包括的な意味と、その背後にある文化を理解するのも、英語を習得する上で重要です。

　たとえば、2008年のカンヌ国際広告祭でCrestというアメリカの練り歯磨きメーカーのユーモラスなコマーシャルが賞を取り、大きな話題を呼んだことがあります。結婚を間近に控えたカップルが登場するもので、男性がprenupを女性に示すところから会話がスタートします。

　prenupとはprenuptial agreement（婚前契約）の略で、離婚することになった場合の、主に財産に関連する結婚前の正式な契約です。

　特に自分に比べて相手がかなりの資産を所有している時、離婚の際には法で認められている割合を受け取る権利を主張しないことを明記した文言になっている場合が多いようです。

　しかし結婚に際して、すでに離婚を前提とした契約を結ぶことに対する個人的な抵抗もあるかもしれません。またそうした契約にサインをすることを相手に求めるのは、ちょっと気まずい場合もあるでしょう。

　このコマーシャルでは、そうした契約書類を前にして男性が自分の弁護士を紹介します。「どうしてこれを？」と女性が訝ると、男性がIt's because my family is so much richer than yours.（それは私の家族のほう

があなたの家族よりずっと金持ちだから）と答え、弁護士も We just don't trust you.（あなたのことをただ信用していないだけです）と言います。2人ともにっこりと、笑顔でそのように言うのです。

そして最後に、You can say anything with a smile. Even that you want a prenup.（笑顔があれば何でも言える。たとえ婚前契約にサインしてくださいといったことでも）という文句が出てきます。

つまり、この練り歯磨きで磨いたきれいな歯を見せ笑顔で話せば、prenupのような切り出しにくい微妙な話もOKですよ、というユーモラスなCMです。

アメリカと比べれば離婚件数の少ない日本では婚前契約はあまり馴染みがないかもしれませんが、ハリウッドスターや富裕層の一部では、さほど珍しくはありません。

prenupという語も英和辞典には載っていますし、テレビCMに使われるくらいですから、一般のアメリカ人のほとんどが知っていると思われます。

しかし日米会話学院の上級学習者のクラスで、このコマーシャルを見せたところ、prenupの意味を知っているのはたった1人しかいませんでした。

prenup（prenuptial agreement）の意味とその文化的背景を知らなければ、このコマーシャルのユーモアを理解できないだけでなく、婚前契約がテーマになった時に会話に入っていくこともできません。また日

本における現状についても情報を提供することができないでしょう。

世界の大手企業が使っている広告スローガン

マクドナルドのI'm Lovin' Itというスローガンは、世界各国のマックのお店で2003年から使われています。

日本では「ケンタッキーフライドチキン」あるいは単に「ケンタッキー」と呼ばれているKFCが使っているFinger Lickin' Goodは「指まで舐めちゃうおいしさ」という意味です。

KFCは2020年8月にこのスローガンの使用を「封印する」と発表して世間を驚かせました。コロナ禍において、「指を舐める」のは公衆衛生上よろしくないということで、パンデミックが終息した適切なタイミングで封印を解くということのようです。

ナイキのJust Do ItとインテルのIntel Insideは、短いけれど強い印象を与えるスローガンです。

もう今では使われてはいないけれど、人々の記憶に残る優秀なスローガンもあります。その1つはエイビスレンタカーが打ち出したWe Try Harderです。エイビスはずっと業界No. 1のハーツの後塵を拝する存在でしたが、そのことを逆手にとって「わが社はNo. 2です。だから、お客さんのためにより頑張ります」というメッセージを打ち出したのです。

危機に対する心構えは「備えよ常に」

Be preparedは1907年から使われているボーイスカウトの有名なモットーです。「いつなん時、いかなる場所で、いかなることが起こった場合でも善処ができるように、常々準備を怠ることなかれ」という意味で、いつの時代でもこの教えは生きています。

Don't drink and drive「飲んで運転するな」はアメリカで飲酒運転防止を呼びかける文句で、有料道路の料金所などでよく見かけます。日本の「飲んだら乗るな。乗るなら飲むな」に相当します。

The only thing that stops a bad guy with a gun is a good guy with a gun.「銃を持った悪人を止めるのは、銃を持った善人だけ」というのは銃規制に反対するNational Rifle Association（NRA）によるスローガンです。銃を持った侵入者に対抗するためには、校内に警察官を配置し、学校の教職員も銃で武装すべきだ、という考え方で、そうしたことがいいかどうかが銃規制における論争の焦点の1つとなっています。

生活の知恵

最後のPart Ⅲは「経験が生んだ知恵」で、英語のことわざや迷信、それに覚えておきたいイディオムを取り上げています。

ことわざとひと口にいっても Time flies like an arrow.（光陰矢の如し）や Rome wasn't built in a day.（ローマは一日にして成らず）のように古代からあるものだけでなく、比較的新しい時代のものもあります。

　たとえば、There's safety in numbers. は「数が多ければ安全」という現代のことわざで、弱小の生き物が大群で行動するのは、この原則のためと考えられています。日本で1980年に流行語となった「赤信号、みんなで渡れば恐くない」とも発想が似ています。

　海外で知られている日本発のことわざとしては「出る杭は打たれる」で、The nail that sticks out gets hammered down. と訳されます。

　世界のことわざにはその国独特のものもありますが、同じ概念が世界中でほぼ同時に発生したと思われるものもたくさんあります。たとえば、「男は度胸、女は愛嬌」は古い日本のことわざですが、英語では Courage is the measure of a man; beauty is the measure of a woman.「男の尺度は勇気、女の尺度は美」が近いようです。

　A woman's place is in the house［kitchen］.（女の居場所は家［台所］の中）というのはヨーロッパ諸国にも同じようなことわざが存在していますが、差別的なことわざの1つとされ現代では封印されています。

不吉な数字、幸運な数字

　日本や中国の迷信では四は「死」に通じるとされ、忌み嫌われます。日本の病院などの階数や部屋番号には4を使わないところもあるようです。また「九」は「苦」との連想から日本では避けられることもありますが、中国では発音が異なるため、忌み数ではありません。

　西洋では13は不吉な数字と信じられていて、多くのホテルやマンション、病院では13階を省いていたり、飛行場では12番ゲートの次は14番ゲートだったり、飛行機内では13列目の座席が存在しなかったりします。

　それは、イエス・キリストを裏切ったユダが最後の晩餐で13番目の席に座った使徒だったことからで、食事のテーブルに13人が座るのも縁起が悪いと言われます。

　また、金曜日も不吉なイメージがあります。金曜日はイブがアダムにリンゴを与えた日で、楽園から追放されたのも金曜日とされています。また、アダムとイブが死んだのも金曜日、イエス・キリストが十字架刑に処せられたのも金曜日とされているのです。

　13に対して7は幸運の数字です。まだ望遠鏡が発明されていなかった古代において、空には「太陽」「月」「水星」「金星」「火星」「土星」「木星」の7つの「星」が見えたのです。そこから古代ローマやエジプトでは、

7人の神がいると信じられていたと言われます。

聖書にも7という数字がよく出てきます。神は世界を6日で作り、7日目を安息日としました。

右は「善」、左は「悪」

ローマ時代からある古い迷信では、右は「善」、左は「悪」とされ、左足から先に靴を履いたり、左足から先に家に入るのは縁起が悪いと考えられてきたそうです。ベッドの左側から起きた人は、その日一日怒りっぽいと言われます。rightという単語には「右」と「正しい」という2つの意味がありますが、右は「善」という考え方を反映しています。

西洋では結婚に関して、「6月の花嫁」（June bride）は生涯幸せな結婚生活ができる、というものなど、たくさんの風習や言い伝え、迷信があります。

結婚式における欧米の習慣でよく知られているのは、something old, something new, something borrowed, something blueという4つのものを花嫁が身につけると幸せになれる、という言い伝えです。近年は日本でも、ブライダル産業の宣伝によって「サムシング・フォー」などとして知られるようになりました。

日本では雨の日に、オフィスの片隅などで傘を広げて干す習慣もありますが、欧米人は小さいころから「室内で傘を広げてはいけない」と教わってきたので、

その様子を見ると、どうしても不吉な気分になるそうです。

覚えておきたいイディオム

　イディオムとは「数個の単語が結びついた、それぞれの原義とはやや異なった意味を持った言い回し」のことです。つまり、あるイディオムを構成する個々の単語の意味からは全体の意味を類推できない熟語のこと。

　たとえば、bite the bulletは文字どおりには「弾丸をかむ」ですが、麻酔薬がない時に、戦場で負傷した兵士を手術する際に弾丸をかませて痛みをこらえさせたことから、「歯を食いしばって耐える」ということで、嫌な状況に毅然と立ち向かう時などに使います。

　bury the hatchet「和睦する」「戦いをやめる」というイディオムの中のhatchetは「手斧」「トマホーク」のことですが、アメリカ先住民は戦いをやめて和睦をする印として、武器として使った斧を埋めたところからきているそうです。

　be all thumbsは手の指がすべて「親指」というところから、「無器用である」という意味のイディオムです。しかし、今では親指だけで器用に携帯メールを打つ若者が増えていますから、もしかすると将来は正反対の意味で使われるようになるかもしれません。

You can't take it with you. は「持っていけない」ということですが、何をどこに持っていけないのでしょうか。

これは「お金はあの世へ持っていけない」という意味のフレーズで、死んでしまったら、あの世までお金や富は持っていけないから、お金や財産をため込まずに、生きている間に使って楽しんだほうがいいという考え方のことです。

Use it or lose it. 「使うか失うか」ですが、筋肉、能力、知識などは使わないと、失われてしまうという意味です。英語もいつも使っていないと、やがて錆びついてしまいしゃべれなくなる、と言われます。

It's toothpaste out of the tube. は「チューブから出た練り歯磨き」で、それをチューブに戻すことは難しいので、You can't put toothpaste back in the tube. などとも言います。いろいろな局面において、方向転換や現状の是正が難しいことを指す表現でもあります。

修辞技術を磨こう

落語の「饅頭こわい」の中に、こんなくだりがあります。

「ヘビが怖いって。へっ、こちとら、ヘビなんぞ大好物だ。つかまえたら、鉢巻きにしてかっぽれ踊

らあ」

「クモは」

「納豆と一緒にかきまぜてみねえ。糸をひいてうめ
　えのなんの…」

「じゃあ、アリは」

「赤飯食う時に、ゴマの代わりに振りかけて食っち
　まわ」

　これがただ「そんなもの怖くないさ」では面白みが
まったく違います。言語能力に優れた人は修辞技術を
巧みに使うことができます。

　相手をやんわりと拒絶したい時に、「Nで始まる1音
節の語を用いなければならないのですが…」（I have to
use a monosyllable starting with an N.）と私はやっ
たことがあります。これだけで、相手はニコッとして
くれました。

　決まり文句も上手にその場に合ったものを使うと、
効果は抜群のことがあります。

　相手が自分のアドバイスを押し付けようとしている
時に、I need your advice like a hole in the head. と
言えば、「あなたの助言は頭に開けた穴と同じくらいに
必要」という意味ですが、「まったく必要としない」と
いうことです。状況によってはちょっときつい言葉と
受け取られるかもしれませんが、ユーモラスな言い方
でもあります。

24

いつも遅刻してくる人に関しては、He'd be late for his own funeral. などと言います。「自分の葬式にも遅れて来るような人だ」ということで、「すべてにだらしない」ことを誇張した言い方です。

　He can't walk and chew gum at the same time.「ガムをかみながら歩くことができない」というのは、2つのことを同時にできない不器用な人間ということです。

　英語文化圏にいる人たちが共通に持つ「文化」を学ぶことにより、英語でのコミュニケーションが格段と効果的になることが実感できると思います。そうした知識を披露することにより、「私は英語が話せるだけでなく、あなたの文化を理解しています」ということを示すことができるのです。We are on the same page. ということを知ってもらえます。

　ただ、そうした知識は非常に奥深く、本書で紹介しているのは英語文化圏という氷山のほんのごく一部です。英語の極意を極めたければ、是非、興味を持った分野についてより深く学ばれることをお勧めします。

　2023年4月

　　　　　　　　　　　　　　　　　　　　　杉田敏

目次

グローバル企業も神々の名前をブランドに

神々から火を盗み、人間に与えたタイタン

Part I

人の心に残る言葉

心に残る言葉に共通しているのは、いずれも短く平易な語から成っていることです。世界の大手企業が使っている広告スローガンからボーイスカウトのモットー、飲酒運転防止を呼びかけるキャッチフレーズを見てみましょう。英米における「見知らぬ人は危険」というかつての子供向けの警句は、現代では、校舎に侵入してきた銃撃犯に遭遇した場合の「走れ、隠れろ、戦え」という標語に置き換わっています。

第1章
スローガン、キャッチフレーズ

　sloganはもともとゲール語（Gaelic）で、スコットランド人が戦場で士気を鼓舞する戦闘開始の合図として使用した「鬨の声」sluagh-ghairmが語源のようです。catchphraseやtaglineとも言い、政府や団体、企業などが、特定の行動を起こさせるために使う「標語」「宣伝文句」を意味します。短めのフレーズで人の記憶に残りやすいように作られているのが特徴です。日本語としては「キャッチコピー」もよく使われますが、こちらは和製英語で、英語ではcatchy phraseとかattention-grabbing taglineといったところでしょうか。

　mottoも似たような意味で使われますが、こちらは商品を売るためのマーケティングツールというよりも、行動の目標や指針を表現するために使われます。

有名な広告スローガン

　世界の大手企業が使っている広告スローガンを見てみましょう。

I'm Lovin' It

　マクドナルド（McDonald's）のこのスローガンは、世界各国のマクドナルドのお店で2003年から現在まで使われ続けています。

　そもそも love という語は「状態動詞」で、通常、進行形は使わないのですが、強い感情を込めて「好きでたまらない」と言う場合に、I'm loving it. とも言います。lovin' のように最後の g をドロップするのは口語の特徴です。

　i'm lovin' it とすべて小文字で表記することもあるようですが、こちらは若者が好むスタイルで、より口語的で親しみやすさを感じさせます。

Finger Lickin' Good

　lickin' も licking のことで finger licking good とは「指まで舐めちゃうおいしさ」という意味です。

　日本では「ケンタッキーフライドチキン」あるいは単に「ケンタッキー」という呼び名が定着していますが、アメリカの本社は1991年に正式名称を KFC に変更しました。これは消費者の健康志向に応えて、Fried（揚げ物）という語の持つ unhealthy で high cholesterol というイメージを払拭するためという狙いがあったとされます。しかし、名称変更の1年前にケンタッキー州が Kentucky の商標登録を行ったため、商標使用料の支払を回避するために名称を変更したと

も言われています。

　この会社は1930年代に設立され、1950年代からフランチャイズ展開を始め、その時からFinger Lickin' Goodをスローガンとして使ってきました（1990年代に一時使用を止め、2008年に再開）。

　そして2020年8月にこのスローガンの使用を「封印する」と発表して世間を驚かせました。コロナ禍において、「指を舐める」のは公衆衛生上よろしくないということで、パッケージングや屋外広告などにおいてこのスローガンの部分にぼかしを入れたりして対処しています。

　コロナ禍の中で実際に指を舐めている広告に対して、広告審査機関などに苦情が寄せられたこともあるそうです。このスローガンは、パンデミックが終息した適切なタイミングで復活させるとのことです。

A Diamond is Forever

　デビアスグループ（De Beers Group）は、英国ロンドンに本社を置くダイヤモンドの採鉱・流通などに関わる会社で、1948年以来、デビアスの広告には必ずA Diamond is Forever（ダイヤモンドは永遠の輝き）というスローガンが使われ、1999年にはアメリカの広告業界の業界誌*Advertising Age*（2017年に*Ad Age*に名称変更）が「今世紀最高のスローガン」に選出したものです。

また、**Diamonds are a girl's best friend**は1953年のアメリカ映画*Gentlemen Prefer Blondes*（邦題「紳士は金髪がお好き」）の中でマリリン・モンロー（Marilyn Monroe, 1926-62）が歌う歌のタイトルです。

Just Do It

ナイキ（Nike）のシンプルな広告スローガンJust Do Itは、おそらく世界で最も人気のあるものの1つでしょう。1988年から同ブランドのすべての広告に掲載されているこのフレーズは、「やるっきゃない」「とにかくやれ」「頭で考えているだけではなく、実際にやってみよう」といった意味です。

Think Different

これは、1997年のアップルコンピュータ（Apple Computer, Inc. 現在はApple Inc.）の広告キャンペーンのスローガンで、テレビコマーシャルのほか、各種Apple製品の広告などでも使用されました。Think Differentは、これに続くApple Switch広告キャンペーンが2002年に始まるまで続けられました。世界で最もブランド力のあるとされるAppleですが、その名前を聞いてこのフレーズを思い出す人もまだ多いようです。それだけインパクトのあるスローガンでもありました。

でもDifferentは非文法的でDifferentlyが正しいの

では、などと指摘する人もいましたが、そうしたことも含めて既存のルールにとらわれない柔軟な思考が大切だということなのでしょう。

All the News That's Fit to Print

このキャッチフレーズは、1890年代後半にできたものです。「印刷するに足るすべてのニュース」を The New York Times は掲載しているということです。

もう1つ **Without Fear or Favor** も同紙のモットーとして有名です。「恐れもへつらいもなく」公平な立場からニュース報道に携わる、という姿勢です。

We bring good things to life

1979年から使われ始めたゼネラル・エレクトリック社（General Electric）のこのスローガンは有名ですが、2001年にジャック・ウェルチ（Jack Welch）に代わってCEOに就任したジェフ・イメルト（Jeff Immelt）は、イノベーションによって画された企業としてのGEのルーツを再認識することを目標に **Imagination at Work** を掲げました。ただ、現在はかつてのGE帝国の衰退とともに、いずれのスローガンもあまり目にすることがなくなってきています。

Beanz Meanz Heinz

アメリカの食品メーカーのハインツ（Heinz）によ

る有名な広告スローガンです。本来はBeans Means Heinzで、「ビーンズと言えばハインツ」ということで、ハインツ社の主力商品の1つである缶詰のbaked beansの宣伝文句です。Heinzは「ハインツ」と発音するのでこの3語が韻を踏んでいるわけではありませんが、いずれも同じくzで終わる短い語を使い、覚えやすくなっています。

　現在ではもう使われていませんが、最もよく知られている広告スローガンの1つと言えましょう。

　コマーシャルソング（jingle）は、

　A million housewives every day

　Pick up a can of beans and say,

　Beanz Meanz Heinz

という歌詞になっていました。

　ただしイギリス版では2行目にあるcanがtinに置き換えられています。

　a can of beansは「豆の缶詰」のことですが、イギリスでは「缶詰」のことはcanではなくtinを使うからです。

　アメリカ人はこんなことを言います。

　We eat all we can, and all we can't we can.

「食べられるものはみんな食べ、食べられないものは缶詰にします」。

　これはcanのダブルミーニング（「できる」と「缶詰にする」）を利用したしゃれです。

Don't live life without it

　これはアメリカン・エキスプレス（American Express）のスローガンです。直訳すれば「これなしで生きていくな」ですが、日本語版では「そう、人生には、これがいる。」となっています。1980年代に、日本でクレジットカードを展開した当初は、「出かけるときは忘れずに」（**Don't leave home without it**）というフレーズが印象的でした。こちらは1975年から1990年代の終わりくらいまで使われました。

Let's go places

　これはトヨタ自動車が2012年に海外で使い始めたスローガンです。go placesは文字どおりには「いろいろな所へ行く」ということですが、イディオムとしては「どんどん出世する」「成功する」というダブルミーニングになっています。

Intel Inside

　「インテル入ってる」。一度耳にしたら忘れないスローガンですね。

　これは英語のスローガンの日本語訳ではなく、日本語バージョンが先にできてそこから英語バージョンを作ったのだと言われています。

I think, therefore IBM

「我思う、ゆえに IBM である」は、哲学者デカルトの有名なことば「我思う、ゆえに我あり」（**I think, therefore I am.**）をもじったもの。1988年作のスローガンです。IBM のモットーは **Think** でしたね。

Good To The Last Drop

　インスタントコーヒーだけれど、決してそのことを卑下してはいけない。「最後の一滴までおいしく飲めますよ」というコーヒーのメーカー、マックスウェルハウス（Maxwell House）のコマーシャルの文句です。

　1907年に Maxwell House coffee を出され、一口飲んだセオドア・ルーズベルト大統領（Theodore Roosevelt, 1858-1919）が思わず口に出したことばからこのスローガンが生まれたと言われています。

You've come a long way, baby.

「あなたはずいぶんと進歩したものですね」

　これは女性向けのたばこのブランドのバージニア・スリム（Virginia Slims）が1960年代から使い始めて大ヒットした広告のキャッチフレーズ。

　come a long way には「（人が）はるばるやって来る」という意味もありますが、慣用句としては「（人や物事が）大いに進歩［向上］する」「偉くなる」という意味です。

「あなたはかつての時代の従属的な女性から、はるかに自己主張が強く、自立した存在になり、大きな進歩を遂げましたね」というメッセージが込められています。

We Try Harder

エイビスレンタカー（Avis Rent a Car System）が、1962年に最初に打ち出した標語です。当時からエイビスは業界No.1のハーツ（Hertz）の後塵を拝する存在でしたが、そのことを逆手にとって「わが社はNo.2です。だから、お客さんのためにより頑張ります」というメッセージを打ち出したのです。自社がunderdog（負け組）であると認めたこうしたポジショニングは非常に珍しく、多くの人の心をとらえました。広告業界では20世紀最高のスローガンの1つとも言われます。

しかしエイビスは50年後の2012年にこれを廃止し、ターゲットをビジネス客に絞った新しいスローガン **It's Your Space** を使い始めました。

また競争相手のHertzは、2020年に米連邦破産法11条（日本の民事再生法に相当）の適用を米破産裁判所に申し立て、経営破綻しています。

We make money the old-fashioned way. We earn it.

Smith Barney は1964年に設立された wealth

management（個人、特に富裕層が保有する資産を適切に総合管理するサービス）の会社ですが、Morgan Stanley に買収され、現在では Morgan Stanley Wealth Management の一部となっています。

　かつてはテレビなどでよくこのスローガンを流していて、印象深いイメージを多くの人に残しています。old-fashioned way は、「時代遅れの」といった意味もありますが、いい意味で「昔かたぎの」ということです。earn は「（当然の報いとして）得る」「（報酬を）受けるに値する」ということ。このスローガンの意味するところは、「わが社はまっとうなビジネスを行い、お客様に納得していただける形で、きちんと報酬をいただいています。古い奴だと思われるかもしれませんが」ということです。

When it absolutely, positively has to be there overnight

　FedEx Corporation は、空路や地上で、重量貨物やドキュメントなどの物流サービスを提供する世界最大手の会社です。1982 年に始まったこのスローガンは、現在は使われていませんが、今でも最も記憶に残るスローガンの 1 つとして知られています。

　positively は「まさに」「明確に」という意味で、通常は第 1 音節の pos にアクセントを置いて発音しますが、同社のコマーシャルでは第 3 音節の tive にアクセ

ントを置いてサービスの「確実性」「保証」をアピール
しています。そこには「誰が何と言おうと絶対に翌日
までに届けます」という強いメッセージが込められて
います。

**There are some things money can't buy. For
everything else, there's MasterCard.**
「お金で買えない価値がある。買えるものはマスター
カードで」

　マスターカードの広告スローガンです。

　このCMでマスターカードの知名度は一気に上がっ
たと言われます。「お金で買えないもの」とは、愛、夢、
真実、希望、時間、健康、平和など、いろいろあるか
もしれませんが、それらを叶えるために必要なものは
マスターカードで買えるかも。

　また、マスターカードは、キャッチフレーズとして
Pricelessを掲げています。「金では買えない」「たいへ
ん貴重な」という意味ですね。

花をプレゼントに

Say it with flowers
「気持ちを花で伝えよう」

　もともとはSociety of American Floristsという花屋
さんの業界団体が1917年に打ち出した宣伝文句だった

ものですが、花をプレゼントして自分の気持ちを伝えよう、という意味。

　誕生日や結婚記念日といった特別な機会でなくとも、I'm thinking about you.という意味で花を贈ろう、ということです。

Just Say No

「ただノーと言おう」は、1980年代のアメリカを中心に展開されたドラッグ撲滅運動のスローガンです。ドラッグやアルコールをやらないかと誘われたら、とにかく「ノー」と言おうというもの。

　ロナルド・レーガン大統領（Ronald Reagan, 1911-2004）の夫人のナンシー・レーガン（Nancy Reagan, 1921-2016）がこの運動のスポークスパーソンになってから盛り上がりを見せ、広く知られるようになったとされます。

Live free or die

「自由に生きるか、さもなくば死を」

　1945年に採用されたニューハンプシャー州（New Hampshire）のofficial mottoで、全米の州の標語の中でも最も有名なものの1つでしょう。この標語はアメリカの政治思想の中心にある独立思想を伝えるもので、同州に登録されている車のナンバープレート（license plate）にも書かれています。

アメリカの各州には標語やニックネームがあり、有名なところでは California は The Golden State、Florida は The Sunshine State、Hawaii は The Aloha State、New York は The Empire State で、多くは車のナンバープレートにも使われています。

I'm from Missouri

「証拠を見せられるまで信じませんよ」「私は疑い深い人間ですよ」という意味で使われます。

「ジーニアス英和辞典」第6版の Missouri の項目には、《◆Missouri 州選出の議員が議会で "I'm from Missouri; you've got to show me."（ミズーリ州の出身だから証拠を見せていただきましょう）と言ったことから》と説明があります。

　このフレーズはその後に、you'll have to show me などと続けることがよくあります。ミズーリ州のスローガンは **The Show Me State** です。

Honestly, it's not for everyone

「正直に言えば、万人向けではない」

　これは、観光地としては50州の中で常に最下位に位置されるネブラスカ州（Nebraska）が2018年から使っているスローガンです。他の州が自分たちの誇りとする利点を掲げているのに対して、やや自虐的に「万人向けではない」と正直に認めています。

「備えよ常に」

Be prepared

　1907年から使われているボーイスカウト（Boy Scouts）の有名なモットーです。「いつなん時、いかなる場所で、いかなることが起こった場合でも善処ができるように、常々準備を怠ることなかれ」という意味で、いつの時代でもこの教えは生きています。

　日本語では「備えよ常に」と言っています。

　そうした状態のことを preparedness（備えができていること、覚悟）と呼び、crisis preparedness は「危機管理」「危機に対する心構え」、military preparedness は「軍事的に準備ができている状況」のことです。

　現在では、Girl Scouts や Girl Guides と呼ばれる団体も同様なモットーを使っています。

　ほかにもボーイスカウトやガールスカウトのスローガンとして有名なものとしては、**Do a good turn daily** があります。これは「一日一善」「日々の善行」とも言われ、毎日何か1つ人の役に立つことをしようという意味。たとえば、お年寄りのために公共の乗り物の中で席を譲ったり、道に落ちているゴミを拾ったり、転倒した人を助け起こしてあげたりと、見返りを求めずに、困っている人に親切にしようということです。

　また、**Once a Scout, always a Scout** は、「スカウトとしての誓いを立てた日から、その人は一生スカウ

ト」ということで、スカウトの精神を死ぬまで失って
はいけないということです。

Once a —, always a —. は常套句で、例えばOnce a
bum, always a bumは「ろくでなしはいつまでたって
もろくでなし」、Once a teacher, always a teacherは
「教師はいつまでたっても教師だ」といったように、人
の職業や性質・気質・魂は変えることができないとい
う意味で使います。

私は小中学生時代に、ボーイスカウトに入っていま
したが、まだスカウトの精神を失ってはいないと思っ
ています。ボーイスカウトから学んだのは Be prepared
といった基本的な心構えだけでなく、ロープの結び方
から手旗信号、応急処置のしかた、火の起こし方まで、
いろいろなことがあります。

数年前、近くに行った折に当時の本部があった日本
橋小伝馬町のお寺を訪ねてみたのですが、もうスカウ
ト活動はやっていませんでした。その地域は子供たち
の数も減少しましたし、現代は塾に行くことが優先さ
れる時代なのでしょう。ちょっと残念な気がします。

基本に立ち返って

Back to Basics
「基本に帰って」は1970年代中ごろからよく耳にする
ようになったキャッチフレーズです。教育や政治など

において、基本的原則（fundamental principles）に立ち返ることを求める運動や意気込みなどについて用いられます。もともとはアメリカで使われ始めたのですが、1993年にイギリスの保守党が**It is time to get back to basics**というフレーズをスローガンとして採用しました。

Make love not war

　これは「元祖」反戦スローガンとも呼べるもので、1960年代のアメリカのcounterculture（反体制文化、伝統文化を拒否する若者文化）と強く結びついていました。

　日本でも「戦争をしないで恋をしよう」などと使われることもありましたが、make loveの本来の意味は「セックスをする」ということで、アメリカの若者の間で広まっていた自由恋愛（free love）の実践を指すことが多かったようです。

No Nukes

「原発反対」

　反核デモの際に必ず見かける文句です。nukeはもともとnuclear weapon（核兵器）の略だったのですが、アメリカの現代の俗語では原子力発電所nuclear plantも意味します。短いところから、新聞の見出しにもよく使われます。また動詞のnukeは「核攻撃を加える」

の意味になります。

　反原発派が No Nukes と書かれたプラカードを持てば、推進派は Safer than Sex とやり合います。原発のほうがセックスより「事故率」が低いということです。いずれも音韻を続けて用いて一種の文体的効果をあげることを狙っています。

No nukes is good nukes

　こちらは No news is good news「知らせのないのはよい知らせ」をもじったものです。そのため nukes is とわざと非文法的な構文を使っています。なお news は通常単数として扱います。

Ban the bulb

「白熱電球（bulb, incandescent lamp）を禁止して LED 電球に代えよう」という世界的な省エネ運動のスローガンです。1950 年代に **Ban the bomb** という運動があったことを思い起こさせますが、the bomb は集合的に「原子（水素）爆弾」「核兵器」のことで、核兵器廃絶運動のスローガンでした。いずれも ［b］の頭韻を踏んでいます。

Black Lives Matter（BLM）

「BLM（Black Lives Matter）運動」は、日本の 2020 年の流行語大賞にノミネートされた 30 語の 1 つになっ

ていました。

「黒人の命は大切だ」「黒人の命を尊重しろ」ということで、これはアフリカ系アメリカ人に対する警察の残虐行為をきっかけにアメリカで始まった人種差別抗議運動およびそこで使われたスローガンのことです。

2020年5月にミネソタ州ミネアポリスで、アフリカ系アメリカ人のジョージ・フロイド（George Floyd）さんが白人の警察官に首を8分46秒圧迫されて死亡した事件を受け、全米に広がっていった抗議運動が有名です。

こうした抗議活動などにおいてよくプラカードに書かれたり、デモ参加者が言うことばに **Enough is enough** があります。

「もううんざりだ、やめてほしい」「いつも同じことを聞かされてきたけれど、状況はちっとも変わらない、もうたくさんだ」といった意味です。

Don't drink and drive

「飲んで運転するな」はアメリカで飲酒運転防止を呼びかける文句で、有料道路の料金所などでよく見かけます。日本の「飲んだら乗るな。乗るなら飲むな」に相当します。**Don't Drink & DrIvE** も同じメッセージですが、DRIVE という語の中には DIE（死ぬ）という語が入っているということです。

なお、「酔っ払い運転」はアメリカではdrunk-drivingですが、イギリスではdrink-drivingと言うのが普通です。

Boozers are losers
「酒」を意味するboozeから、口語でboozerは「大酒飲み」のことで、「大酒飲みは（人生の）敗者」ということ。
　パーティーの招待状などに見られる**BYOB**は、**Bring Your Own Booze**あるいは**Bring Your Own Bottle**のこと。アルコール類を各自持ち寄るそうしたパーティを**BYOB party**と呼びます。

Don't drive inTEXTicated
　inTEXTicatedは発音の似たintoxicatedに引っかけています。textは「携帯電話でテキストメッセージを送る」ということで、**driving while intoxicated**（酩酊運転、酒気帯び運転）は、DWIと略され、**driving under the influence**（of alcohol or drugs）（アルコールまたは薬物の）「影響下での運転」の略語のDUIとほぼ同じ意味で使われます。全米のどの州においても、そうした状況で乗用車、トラック、オートバイなどを運転することは犯罪と見なされるのです。
　「わき見運転」「ながら運転」は**distracted driving**と呼びますが、最近はDWT（あるいはTWD）が問題に

なっています。これは **driving while texting（texting while driving）** の略で、携帯電話でテキストメッセージを送ったり読んだりしながら運転することです。

　distracted driving は飲酒運転の何倍も重大な事故につながる可能性が大きいと言われ、運転中のスマホ操作などに関して注意喚起を呼びかける啓発活動が行われています。特に運転中にカーナビ機器を使ったり、カーエアコンの温度調整をしたり、同乗者と話をしたり、地図を見ながらの運転も、注意が散漫になる可能性があります。また運転中にラジオの選局をすることも危険なので、いつもどこか1局にセットしておくか、ラジオは聞かずに運転に専念するのがいい、と National Safety Council はアドバイスしています。

　ながら運転防止のスローガンもいろいろありますが、**Texting and Driving: A Grave Mistake** では、形容詞の「重大な」と名詞の「墓場」の2つの意味を持つ grave という語が使われていて、「ながら運転は死に直結する」というメッセージを打ち出しています。

Driving while Black

「黒人差別の交通取り締まり」のことで、犯罪や交通違反を犯したという明らかな証拠もないのに、運転者が黒人だという理由だけで警察官が停車を命じることです。

Pick your head up, put your phone down

「頭を上げて、スマホは下に置こう」

「しっかり前を見据えて、両手はハンドル（steering wheel）に乗せ、運転することに専念しよう」というメッセージです。

　同様にニューヨーク市は、歩きスマホに注意を呼びかける **Heads Up!** というキャンペーンを実施しています。これは文字どおり「頭を上げろ」ということですが、このフレーズは「気をつけろ」（Watch out!）という意味でも使います（名詞としてのheads-upは「警告」「注意」ということ）。

Pls Dnt Txt & Drv

　若者が「ケータイメール」でよく使う略語を使ったもので、**Please Don't Text and Drive**（運転中にテキストメッセージのやりとりをしないで）ということ。

The problem with drinking and driving is ... The MOURNING after!

　morning afterは「次の日の朝」から「二日酔い」のことですが、ここでは同じ発音でつづりの違う mourning（喪、喪服）という語が使われています。「酒気帯び運転の結果は二日酔いではなく、死」ということ。

　脚韻を踏んだものとしては、

Alcohol addiction is a self-destruction

「アルコール依存症は自滅」

Night doubles traffic troubles

「夜は交通トラブルが倍増する」

頭韻を使ったものとしては、

Alert today — Alive tomorrow

「きょう危険に対して用心深くいれば、明日も生きていることができる」

Driving is like baseball. It's the number of times you reach home safely that counts.

「車の運転は野球のようなものです」で始まるこの標識はドライバーに安全運転を呼びかけています。それに続く It's the number of times ... はストレートにとれば「大切なのは無事に帰宅する回数です」ということですが、home, safely, count のいずれも野球用語でもあります。

すなわち、「カウントされるのはセーフでホームインする回数です」ということ。

「クリーン」は「グリーン」に通じる

---

cleanはgreenと韻を踏むので、環境保全に関するスローガンなどでよく目にします。

Keep green and keep our planet clean
「緑を保ち、地球をきれいにしよう」

　形容詞としてのgreenには「環境保護（政策）を支持する」「環境問題意識の強い」（supporting or concerned with the conservation of the environment）という意味があります。また商品や過程などについて言えば、「環境にやさしい」（not harmful to the environment, environment-friendly）ということです。

　green marketingといえば、環境にやさしい製品、使い捨て部分の少ないパッケージに入った商品、リサイクル製品（recycled or recyclable products）などを選んで販売するマーケティング手法のこと。

green dividend
「緑の配当」

「環境にやさしい方策を取ることにより節約されるお金」のこと。たとえば、移動手段に自動車を使うのではなく、公共輸送機関を使うことにより節約できた費用などを指します。

　dividendは、株主への配当のことですが、pay [yield] dividendsは「（将来）利益を生む［実を結ぶ、役立つ］」という意味で使います。たとえば、Study statistics. It'll certainly pay dividends when you get a job.（統計学を学びなさい。将来就職した時に必ず役に立つから）などと言います。

peace dividend は「軍事費削減によって浮いたお金を平和目的に割り当てること」です。

エコツーリズムのスローガンとしては、
Leave only footprints. Take only photographs.
「残すのは足跡だけ。とるのは写真だけ」
No graffiti! No litter!
「落書きをしない。ごみを捨てない」

zero waste
「廃棄物ゼロ」
　廃棄物の発生や資源の浪費をゼロに近づけようという考え方。地域社会あるいは企業単位で、ほぼすべてのモノを再利用し、ごみ埋立地や焼却炉に送られるごみをなくそうという運動。**zero emission** は有害ガスの排出をゼロにするという考え方です。
　zero tolerance は「ゼロ容認」で厳罰主義（ある規則の小さな違反に対しても、法律・罰則を厳格に適用する方針）という意味です。

Waste not, want not.
「無駄がなければ、不足することもない」
　物やお金を無駄に使わなければ後で足りなくてこまることはない、という意味のことわざです。

スローガンでダイエット

Pay attention to portions
「食べる量に気を付けよう」

　portion の訳として、辞書には「（食べ物の）一人前」「ひと盛り」などが出ていますが、1皿に盛られた食べ物、あるいはハンバーガー1個やクッキー1つも portion です。

　portion control とは、1回に食べる量を控えめにすること。これは、肥満を助長しているという批判の矢面に立たされているファストフード・レストランや食品メーカーなどが試みている新しい方法のことでもあります。レストランで供されるハンバーガーなどの食べ物の（1回に出される）量、あるいはクッキーなどのスナック類のサイズが大きいとどうしてもたくさん食べてしまい、結果として肥満に結びつくというので、食べ物の量や大きさをコントロールし、少量にすることを意味します。

After 8 is too late

　これは eight と late が韻を踏んでいて言いやすく、覚えやすくなっています。ちなみに、late は18と表記することもあります。

　ダイエットのためには、食事をしてからあまり時間を置かずに寝るのはよくないと言われるので、「8時以

56

降の食事は遅すぎる」という意味です。

Your eyes are bigger than your stomach.

　文字どおりには「あなたの目は胃袋より大きい」ですが、食事中に子供などをたしなめて「欲張っても食べ切れないよ」の意味で言います。「食べ物を見て食べられると思ったほどたくさんの量はおなかの中に入らない」ということ。食べ過ぎないように、食べ物を取り過ぎて残さないように、とたしなめる表現です。

You are what you eat.

「あなたがどうであるかは食事で決まる」

　人の健康状態、容姿および幸福は、何を食べているかによって決定されるので、健康でいるためには、よい食物を食べなければならない、ということです。特に果物や野菜、ナッツ類など高エネルギー食品を選ぶことも大切だと言われます。また、水も大切なエネルギー源です。

知らない人にも、知っている人にも気を付けよう

Stranger Danger

　1960年代から80年代にかけて英米でよく使われた「見知らぬ人は危険」という子供向けの標語で、見知らぬ人と話をすることの危険性を子供たちに訴えてい

るものです。

　しかし子供を狙った犯罪が巧みになってきていることから、今では見知らぬ人だけでなく、顔見知りの人や親類、あるいは警察官や消防士などの制服（に似せた服）を着た人にも注意しよう、と警戒すべき範囲が広がってきています。また、こうしたメッセージは幼い子供たちを必要以上に怖がらせる可能性があるので、現在ではあまり強調されていません。

Run, Hide, Fight

　アメリカの高校の教室などに掲げてある標語です。校舎に侵入してきた銃撃犯に遭遇した場合にするべきことで、まず「走って逃げろ」、それができない場合には「隠れろ」、そして最後の手段は身近にあるものを持って侵入者と「戦え」、ということです。

　ただ、これまでの襲撃事件で撃たれて死亡した犠牲者の多くはどこかに隠れていて見つかったもので、Hideはこの標語から外すべきだと主張する専門家もいます。隠れるよりも、できるだけ早く学校から脱出を図ることが重要とされています。

　定期的に行われる「避難訓練」では、クラス全員がロープなどを使って教室の窓から脱出する訓練をするところもあるようです。

The only thing that stops a bad guy with a gun is a good guy with a gun.

「銃を持った悪人を止めるのは、銃を持った善人だけ」というのは銃規制に反対するNational Rifle Association（NRA）によるスローガンです。銃を持った侵入者に対抗するためには、校内に警察官を配置し、学校の教職員も銃で武装すべきだ、という考え方で、そうしたことがいいかどうかが銃規制における論争の焦点の1つとなっています。

他にも

Guns don't kill people, people kill people.

「銃が人を殺すのではなく、人が人を殺すのだ」

If guns were outlawed, only outlaws would have guns.

「もし銃が非合法化されたら、無法者しか銃を持たなくなる」

outlawは動詞として「非合法化する」と、名詞として「無法者」というダブルミーニングがあるところから。

第2章
決まり文句

　私はこれまでに何度か転職をし、人生の転機を経験してきました。

　最初に辞表を書いたのは、アメリカ留学のために、6年間勤務した英字新聞の「朝日イブニングニュース」を退社した時です。当時は、「この度、一身上の都合により退職いたしたくお願い申し上げます」といった日本の退職願の決まり文句を使って、社長宛に辞表を書いたのだと思います。

　英語には決まった辞表の書き方はありませんが、感謝の気持ちをどこかに盛り込むのが礼儀とされます。

　以前、退職した際に当時の上司に英語で書いた辞表のドラフトが手元にあります。次のような文面です。

To confirm our conversation earlier this week, I'm officially resigning from the company, effective April 30.

I'm leaving the company for excellent career opportunities with a major global company. I was made an offer I just couldn't pass up and decided to explore a new horizon.

As I look back on the 12 years I was employed here, it was an extremely valuable experience. I tender my resignation with regret because you have always treated me fairly and warmly. I will always be grateful for your assistance and hope we can remain friends.

（今週お話ししたことを確認すると、私は4月30日付で会社を正式に辞めます。

大手グローバル企業における素晴らしいキャリアの機会を得るために、この会社を去ります。どうしても見逃すことのできないオファーがあり、新たな地平を切り開くことにしました。

この会社における12年間を振り返ってみると、非常に貴重な経験だったと思います。いつも公平に、そして温かく接していただいたのですが、残念ながら辞表を提出します。お世話になったことにはずっと感謝します、そして今後も友人であり続けることを望みます）

会社を辞める際のアドバイス

Don't burn your bridges（behind you）.

これは、「退路を断つな」「人間関係［会社との関係］を悪くするな」ということです。転職に際しては、以前の会社や同僚と再びどこで接点ができるかわからないし、元の会社に戻る可能性も放棄するな、けんか

別れをして飛び出すなといった意味で使います。

　私も résumé（履歴書）と cover letter（添え状）を書いて仕事を探した経験があります。ジャーナリズムの修士課程を終了するのに、2年半から3年はかかるだろうと考えてオハイオ州立大学に留学したのですが、しばらくして、論文を書けば1年で修士号を得る見込みが立ちました。専攻分野に関係のある仕事であれば、practical training という名目で学生ビザのまましばらくアメリカに残ることができるので、卒業の数か月前から全米の60以上の新聞社に手紙を書きました。

　就職難の時代で、同級生でもマスコミに就職できたのはわずかでした。返事がきたのは10通くらい。ほとんどが断りの手紙だったのですが、中には次のように書かれたものもありました。

　We will keep your résumé in our active file and will get back to you as soon as there's an opening appropriate to your background.

　（あなたの履歴書は当方にファイルしておき、あなたの経歴に適した空きがあり次第、すぐにご連絡を差し上げます）

　これらには望みを託して待ってみたのですが、やはりそれ以後の連絡はありません。意を決してこちらから電話を入れてみたりしたのですが、あいまいな返事しかもらえません。そのうちにわかったのは、これは婉曲的な断りの常套句で、ほとんど意味はないという

ことでした。

Our loss is their gain.

「こちらの損失は他の人の利益」「誰かが損をすれば、その恩恵にあずかって得をする者がいる」ということ。「当社にとってはあなたを失うことは損失だが、次の雇用主にとってはいい人材を得たことになる」という意味で、転職の際などにそれまでの上司などが言うとされる文句です。

make an offer one can't refuse

「辞表」などによく使われるフレーズ。I accepted the job after I was made an offer I just couldn't refuse [pass up].（断るにはしのびないほどの好条件を示されて、その仕事を引き受けることにした）は、転職を決意した理由を述べる場合のおおかたの決まり文句となっています。

この文句は、もともとは、マリオ・プーゾ（Mario Puzo）の小説に基づいた映画『ゴッドファーザー』（原題：The Godfather、1972年）の中で使われ、一躍有名になったものです。物語の中では、歌手のJohnny Fontane がゴッドファーザーの Don Corleone のところに行き、ある映画に出演したいのだが助けてほしいと懇願します。しかしその時点ですべてのキャスティングは済んでいて、撮影開始は 1 週間後に迫っているの

でとても可能性はないように見えました。

　そこでゴッドファーザーが言うのが、I'm going to make him［studio chief］an offer he can't refuse.（嫌とは言えない申し出をする）という有名な台詞です。

　1973年には Jimmy Helms が、*Gonna Make You an Offer You Can't Refuse* という題のヒット・ソングを発表しています。

定番の決まり文句

---

once upon a time

「昔むかし」とおとぎ話（fairy tale）などの初めに出てくる決まり文句で、13世紀から使われてきたと言われます。そして最後の決まり文句は、**And they lived happily ever after.** で、「そのあと、ずっと幸せに暮らしましたとさ。（めでたし、めでたし）」などとなります。

　fairy tale にはおとぎ話のほかに「作り話」「言い訳」「あてにならない話」という意味もあるので、次のようなジョークがあります。

　子供が親に「すべてのおとぎ話は once upon a time で始まるの?」と尋ねると、親は、「それ以外にも "If elected, I promise to ..." とか "I've got too much work in the office tonight, I'll come home late." で始まるも

のもあるよ」と答えます。

Is there a doctor in the house?

　急病人が出た場合に「会場にお医者さんはいらっしゃいますか?」と尋ねる場合の決まり文句です。この場合のhouseはmovie house（映画館）などのように建物や会場を指します。航空機の機内などで病人がいる場合には、Is there a doctor on board?が通常の尋ね方になります。

Having a wonderful time. Wish you were here.

「素晴らしい時を過ごしています。あなたがここにいればよかったのに」

　これは、リゾート地から出すきれいな絵はがきなどに書くとされる決まり文句です。

Thank God it's Friday.

「やれやれ、やっと金曜日だ。花金だ」といったような意味。略してTGIFとも言います。金曜日の夕刻ともなれば若者が集まって、TGIF partyがあちこちで開かれます。

　これは、イギリスの小中学校の教師の間で使われたのが最初だろうとされています。1950年頃までには月曜日から金曜日まで働く英米の就労者に引き継がれたそうです。

Use it or lose it.
「使わなければだめになる」

　筋肉、能力、知識などを「使わないとだめになる」という意味の決まり文句。英語もいつも使っていないと、やがて錆びついたようになって（get rusty）しゃべれなくなる、と言われます。

Show me a liar, and I will show you a thief.

　ことわざで、「うそつきは泥棒の始まり」ということ。平然とうそを言うようになれば、盗みも平気でするようになる。うそをつくのは悪の道へ入る第一歩であるということ。

white lie

　うその中でも「たわいがない［悪意のない］うそ」「礼儀［親切］のためにつくうそ」のこと。

　たとえば、人からもらったプレゼントがあまり気に入らなくとも、Thank you so much. I just love it! などと言うことです。

lies, damned lies and statistics
「うそ、大うそ、統計」

　うそにもいろいろあるけれど、統計こそ最悪のうそ、ということ。

sell the Brooklyn Bridge
「ブルックリンブリッジを売る」

　非常にだまされやすい人が信じる詐欺文句の定番とされます。20世紀初頭に、ジョージ・パーカー（George C. Parker）という詐欺師がブルックリンブリッジの所有者であるかのように装って、偽造された書類などを使い、人々をだまして橋を買わせようとしていたことにちなむフレーズです。

on a scale of 1 to 10
「1から10の段階で」

　How do you rate our service on a scale of 1 to 10?（わが社のサービスを10段階で評価すると、いくつになりますか）のように使われるのが普通です。しかし1と10のどちらが「最高」でどちらが「最低」なのかがはっきりしない場合もあるので、より明確にするために with 10 being best and 1 being worst などと付け加えることもあります。

　でも1から10だと「良いとも悪いとも言えない」「中くらい」はいくつになるのかがはっきりしません。なので、on a scale of 1 to 5（or 0 to 10）を好んで使う向きもあります。これだと、3あるいは5が中位です。

男はバスの如し

　likeやasを使ってあるものを直接他のものと比較する修辞法を直喩（simile）と呼びます。

Men are like busses; if you miss one, another will come along.
「男はバスみたいなもの。つかまえ損なっても、すぐに次が来る」
　失恋した女性などに言う定番の慰めのことばです。

need something like a hole in the head
「頭に開けた穴と同じ程度に必要」から「まったく必要としない」という意味。
　同様に、**as glamorous as taking the bus**は「バスに乗るのと同じくらい魅力的な」ということで、その程度の魅力しかない、あまり魅力的ではないことを表した表現です。他にも、

with about the same enthusiasm as going to the dentist
「歯科医に行くのとほぼ同じくらいの情熱を持って」
「歯医者に行く」というのはあまりやりたくないことの典型例ですので情熱がないことを表します。

like money in the bank
「(銀行に預けたお金のように) 絶対確実な [安心な]」

sink like a stone
　文字どおり「重い物が水にすぐに沈む」という意味と「(提案などが) 支持されない、注目されない」という意味です。

　主にイギリス英語ではstoneの代わりにlead balloon (鉛の風船) を使い、**go over [down] like a lead balloon**を使うこともあります。「(話やジョークなどが、聴衆に受けずに) 失敗する、無視される」ということです (leadの発音は [léd])。

政治家が使う決まり文句

I would like to spend more time with my family.
「家族と過ごす時間をもっと増やしたい」というのは、英米の政治家が引退する時の決まり文句です (他に本当の理由があったとしても)。

If you can't stand the heat, get out of the kitchen.
「火熱に耐えられなければ、台所から出て行くべきだ」はハリー・S・トルーマン大統領 (Harry S. Truman, 1884-1972) が言ったとされる有名なフレーズ。「プレッシャーに耐えられないのであれば、文句を言わずに

その重圧に耐えられる人間に任せるべきである」という意味です。

　特に意思決定と悪意の批判に耐えられないようならば、政治家としての責任を全うするのは難しいことを言っています。

the elephant in the room
「部屋の中にいるゾウ」ですが、存在感のあるゾウが部屋の中にいても、誰もが見て見ぬ振りをするところから、「(皆が知っているが口にしない) 重要な問題」のことです。過去にスキャンダルを起こしたり、重度の病気を経験した政治家が立候補する場合、自ら潔く自分の過去について釈明し、支持を要請する場合の決まり文句でもあります。

だじゃれを言ったら

　日本語の会話では誰かがだじゃれを言うと、周りの人は笑ったり、「おやじギャグ」だと座が白けたりすることがあります。(「おやじギャグ」はdaddy jokeで、「だじゃれが上手な人」「よくしゃれを言う人」はpunsterと呼びます。)

　しかし、英語の会話では、だじゃれを言った本人がちょっと恥ずかしそうに
Pardon the pun. / If you'll excuse the pun ...

「だじゃれを許して」「だじゃれで失礼」などと言うことがあります。

　punとは「（同音異義による）だじゃれ」「しゃれ」「語呂合わせ」のことです。欧米では、**A pun is the lowest form of humor.**などと言って、だじゃれを多少見下すような風潮があり、だじゃれを言った場合にはこのように付け加えることがよくあります。

　たとえば、Where there's smoke, there's ire. もしゃれです。もともとの表現は**Where there's smoke, there's fire.**で、最後がfireとなっていて「火のないところに煙は立たぬ」の意です。そのfireの最初のfをドロップしてireに置き換えると、「（タバコの）煙あるところに怒りあり」ということになります。

　あるいは意図せずに偶然だじゃれになってしまった場合には、**No pun intended.**などと言います。「意図しない偶然のしゃれ」はaccidental punです。

　たとえば、Earthquake insurance is a question of considerable magnitude in Japan.（地震保険は日本ではかなり重要な問題だ）などと言った場合。magnitudeという語には「重要性」の他に「（地震の）マグニチュード」という意味もあることから、結果的に「偶然の」しゃれになってしまったもの。このように意図しないで、あるいはしゃれと受け取られる可能性のあることを意識してわざと言うこともあります。

May the force be with you.

「フォースとともにあらんことを」

　これは、1977年制作のアメリカ映画『スター・ウォーズ』（*Star Wars*）の中の有名な台詞ですが、force に fourth（4th）をかけた語呂合わせに May the 4th（5月4日）があります。これは世界中のファンがスター・ウォーズの文化を祝い、映画を楽しむ日です。Star Wars Day とも呼ばれます。

and so forth and so fifth

　and so forth は「…など」の意で、いくつかの具体例を挙げたあとでその部類全体を指す言い方です。通常は、and so forth and so on などと言いますが、forth と同じ発音の fourth から fifth（5番目）と冗談として続けることがあります。

　通常の「…など」の言い方としては、et cetera / and all that sort of thing / and what not / and what have you / and you name it などがあります。

Hasta la vista, baby.

　これは2022年9月にイギリスのボリス・ジョンソン（Boris Johnson）氏が首相の座を去る時、イギリス議会での farewell speech の締めくくりに使ったものです。Hasta la vista. は、「互いに次に会う時まで」「後で会いましょう」「さようなら」を意味するスペイン語の別

れの挨拶です。

　ニューヨーク・タイムズは Hasta la Vista? This Time, Boris Johnson May Say, 'I'm Back.' と見出しを付けて報じていました（2022年10月21日）。

　実は、Hasta la vista, baby. と I'll be back. は1991年のアメリカ映画『ターミネーター2』（*Terminator 2: Judgment Day*）の中でアーノルド・シュワルツェネッガー（Arnold Schwarzenegger）が演じるキャラクターが言う有名な台詞です。

　タイムズ紙はこの2つのフレーズを使ってジョンソン氏が首相に復帰する可能性について言及したものです。

　Hasta la vista. は、この映画によって英語圏でも通じるフレーズになりました。日本語字幕および吹き替えでは、戸田奈津子訳で「地獄で会おうぜ、ベイビー」となったようです。ただ、スペイン語版では、ここだけスペイン語はおかしいので、わざと違うことばを使うために、Sayonara, baby. としたと言われています。

See you later, alligator.

　子供同士で、または子供に向かって言うおどけたあいさつの文句です。alligator と later が押韻となっています。これに対しては、**In［After］a while, crocodile.** と答えるようです。こちらも while と crocodile が韻を踏んでいます（alligator, crocodile 両方とも「ワニ」の

ことですが、ただ韻を踏んでいるだけであまり意味は
ありません)。

Have a nice day.

　これも別れのあいさつですが、今日ではあまりにも
使い古されてしまい、*Common American Phrases in
Everyday Contexts* には、This is now quite hackneyed,
and many people do not like to hear it.（陳腐で、こ
のフレーズを聞くのを嫌う人も多い）という解説がつ
いています。

　ではそれに代わる別れのあいさつには何があるか。
一般的なのは、Take care. と Enjoy your day. でしょ
う。その他にも Have a good one. / Make it a good
one. / Talk to you soon. / See you soon. / Catch you
soon. / I'll be in touch. などがあります。

Let's call it a day.

「（仕事などを途中で）やめる［切り上げる］」という
意味の口語の決まり文句。つまり「仕事はまだ残って
いるけれど、きょうのところはこの辺で切り上げよう」
ということ。**call it a night** は夕方や夜に「（大抵の場
合は寝るために）やっていることをやめる」こと。

Shaken, not stirred.

　007シリーズの映画の中で主人公のジェームズ・ボ

ンド（James Bond）がバーでmartini cocktailを注文する際の決め台詞（signature phrase）です。

　通常マティーニはstir（軽く混ぜる）して作るものなのですが、Bond氏はあえてシェーカーに入れてシェイクしてくれ、と注文を付けます。

　もう1つの決め台詞は、The name is Bond. James Bond. です。

It's a bird ! It's a plane ! It's Superman !
「スーパーマン」（Superman）の映画、ドラマ、アニメ作品などで、通行人が空を飛んでいる物体に気がついた時に叫ぶ有名な台詞。その前に、Look ! Up in the sky ! などと入りますが、最後の部分はIt's Superman ! をもじって、It's another balloon !（また別の気球だ）などとしたものが、最近の風刺マンガなどに見受けられます。これは、人や物を紹介する際などにふざけて言うこともあります。
「気球」も unidentified flying object（UFO、未確認飛行物体）と呼びます。

the good, the bad and the ugly
　良いもの、悪いもの、醜いもの
　The Good, the Bad and the Ugly は世界中で大ヒットした1966年のイタリア・アメリカ合作映画の英語タイトル（邦題は『続・夕陽のガンマン』）で、「善玉、

悪玉、卑劣漢」の意味。お互いに争う3人のガンマン
の話ですが、現代では一般的に「3つの異なった側
面」といった意味で使われます。

　たとえば、Super Bowlの実況中継中に放送される
コマーシャルについて、The good, the bad, the ugly:
The Super Bowl commercials we loved and hated,
and one that made everyone cry. (私たちが愛し、憎
み、そしてすべての人を泣かせたスーパーボウルのコ
マーシャル) といった見出しが見受けられました。

人生訓

Art is long, life is short.
「芸術は長く、人生は短し」

　人の一生は短いが、すぐれた芸術作品は長く世に残
る、という意味に解釈されるものです。しかしこれは、
紀元前5〜4世紀のギリシャの医者で「医学の父」と
呼ばれるヒポクラテス (Hippocrates) のことばとされ
ています。「(医療) 技術の習得には時間がかかるため、
時間を無駄にしてはならない」という意味の警句だっ
たそうです。後に、さまざまな専門的技芸や芸術につ
いても使われるようになりました。

　ヒポクラテスと言えば、「ヒポクラテスの誓い」
(Hippocratic Oath) が有名です。医師の倫理・任務
などについての誓言で、現代の医療倫理の根幹を成す

患者の生命・健康保護の思想や患者のプライバシー保護などが謳われています。

That's life.

　フランク・シナトラ（Frank Sinatra, 1915-98）の歌う曲のタイトルでもありますが、「世の中はそんなもんだ」という意味です。何か悪いことや失望することが起こった時に言う台詞です。人が生きていく上で失望は避けられない、失望を忘れて前に進み、努力を続けようといった意味で使います。

　Such is life. とかフランス語で **C'est la vie.** などとも言います。

I've given you the best years of my life.

　離婚の際に、主に妻から夫に言うとされることば。「私はあなたに人生の最高の歳月をささげてあげたのに」。私の青春時代を返してちょうだい、という恨みのこもったことばです。

Life is what you make it.

「人生はあなたが作るもの」

　人生はあなた次第。誰かがあなたのために人生を切り開いてくれるのを待っていたのではダメだ。

　最後のitをカットすれば、Life is what you make. となり意味が変わります。make には「稼ぐ」という

意味があるので、「人生とはあなたの稼ぎ高」になります。つまり、どれだけ収入を得ているかによって人間の価値も決まる、というもの。

Life begins at 40.
「人生は40歳から」は古いことわざですが、現在では**80 is the new 60.**も広く言われます。「（知力・体力などにおいて）今の80歳はかつての60歳に匹敵する」ということ。同様に、**60 is the new 40.**も「今の60歳は新しい40歳」で、60歳はかつての40歳と同じくらい元気である、ということ。

　年齢以外にも、**Sugar [Salt] is the new tobacco.**は、「砂糖［塩］は今ではタバコと同じくらい危ないとされる」、**Salt is the new sugar [fat, carbs, gluten].**「塩は砂糖［脂肪、炭水化物、グルテン］と同じくらい危険」のように使われます。

Life is a zoo in a jungle.
「人生はジャングルの中の動物園」「人生とは、弱肉強食の世界にある動物園のようなもの。檻（おり）の中に閉じ込められて窮屈な思いはするが、食われてしまうよりはまだマシか」。

　ということですが、zooには俗語で「混乱状態」「ひどく混雑している場所」という意味があり、The demonstration turned into a zoo after police started using tear gas.（警察が催涙ガスを使い始めると、デモは混乱状態に陥った）などと使います。

It's a jungle out there.

この世の中は「（ジャングルのように）弱肉強食の世界」「猛烈な生存競争の場」「食うか食われるかの場所」ということで、企業間の競争の激しい社会（corporate jungle や executive jungle などと呼ぶ）で生き残るのは大変だ、という意味で使います。

日本のことわざの「男は敷居を跨げば七人の敵あり」に相当するかもしれません。社会で活動していくには多くの困難が伴うことの喩えです。

It's toothpaste out of the tube.

これは「チューブから出た練り歯磨き」で、それをチューブに戻すことは難しいので、**You can't put toothpaste back in the tube.** などとも言います。いろいろな局面において、方向転換や現状の是正が難しいことを指す表現でもあります。

決まり文句で、「覆水盆に返らず」（**It's no use crying over spilt milk.**）や **It's water under the bridge [over the dam].**「（橋の下 ［ダムの上］ を流れる水のように）もう過ぎ去ってしまったこと」の意味で使います。

gain a new lease on life

「活気を取り戻す」

　new lease は「新しい賃貸借契約」「賃貸借契約の更新」のこと。そこから gain a new lease of life は、「心機一転する」とか「苦境を乗り越えて新たな活力を得る」「息を吹き返す」「生まれ変わる」という意味になる。give something [someone] a new lease on life といった言い方もでき、Urban renewal has given our city a new lease on life.（都市再開発は私たちの市に新たな活力をもたらした）のように使います。

ケネディ家の家訓

Don't expect life to be fair.

「人生が公平であると期待するな」はケネディ家の家訓の1つだと言われます。この世の中は理不尽なことだらけ、人生に公平を期待してはいけない、ということ。

When the going gets tough, the tough get going.

「状況が厳しくなると、タフな人々が動き出す」ということ。ジョン・F・ケネディ大統領（John F. Kennedy, 1917-63）の父親のジョゼフ・P・ケネディ（Joseph P. Kennedy, 1888-1969）が好んで使い、ケネディ家のモットーの1つにしていたとも言われています。困難な

状況の下では、決断力や精神力のある者だけが行動を起こし、事態を切り抜けることができる、といった意味。元気を出して困難を乗り越えよう、と人を元気づける時にも使います。

Tough times never last but tough people do.

「困難な時期は決して続かないが、タフな人間は持ちこたえる」

　toughにはいろいろな意味があります。have a tough timeは「とても苦労する」「つらい目に遭う」ということで、It's been a very tough day. と言えば「きょうはとても大変な日だった」となります。

　人を修飾すると、「（精神的に）たくましい」「タフな」「（肉体的に）丈夫な」ということで、You finished writing the report in one day? You're tough. 「1日でこのレポートを書き終えたって。タフだな」などのように使います。

It takes two to tango.

　直訳すると「タンゴは1人では踊れない」「タンゴを踊るには2人必要だ」という意味ですが、争いごとなどが起こった時に、「一方だけに責任があるのではない」「責任の所在は両方にある」「双方の協力が大切」ということを表すときに用います。

in an ideal world

「理想的な世界では」

「かなうべくもない」というニュアンスを含んだ「完璧な世界では」ということ。In an ideal world everybody would be recycling or reusing everything and there would be no food waste. は「理想的な世界では、すべての人がすべてのものをリサイクルあるいは再利用し、食品の無駄はなくなるだろう」のように使います。

You're damned if you do and damned if you don't.

　これは1970年代のアメリカから始まったフレーズで、にっちもさっちも行かない状況（no-win situation）のことを意味します。「何をやっても、何もやらなくてもダメだ」ということ。

Catch-22

　こちらも何をしてもうまくいかない状況のこと。It's a Catch-22 situation. のように使います。アメリカの小説家ジョゼフ・ヘラー（Joseph Heller, 1923-99）が1961年に著した同名の小説の題からきています。

The customer is always right.

「お客さまは常に正しい」

　日本では「お客様は神様です」と言いますが、英語

にはこういう決まり文句があり、これはH・ゴードン・セルフリッジ（H. Gordon Selfridge, 1856-1947）が言い始めたとされています。セルフリッジはアメリカ人で、イギリスに米国流の大型デパートの考え方を持ち込み、ロンドンで自分の名を冠した大型店を開きました。第二次世界大戦が始まるまで、セルフリッジはシルクハットにモーニングという恰好で毎日店頭に姿を見せていたと言われます。店員に対する彼の教えは、「お客様と言い争ってはならない。どのような状況でも、お客様が正しいと想定せよ」というものでした。

チャレンジ精神

The difficult should be done at once; the impossible takes a little longer.

　イギリス海軍でたたき込まれる教訓の1つとかアメリカ陸軍のモットーとも言われます。「困難なことはすぐにやれ、不可能なことを行うには少し時間が要る」。「難しい」「不可能だ」などとしり込みしていては何もできない、まず実行してみるべしという考え方です。

Whenever you are asked if you can do a job, tell 'em, "Certainly I can!" Then get busy and find out how to do it.

　「ある仕事ができるかと聞かれたら、『もちろんできま

す』と返事をすることだ。それから懸命にそのやり方
を見つけよ」

　セオドア・ルーズベルト大統領のことばです。

can-do

「チャレンジを引き受け、それを達成する自信のある、
積極的な」（willing to accept challenges and con-
fident of meeting them; positive）という意味の形容
詞です。「成せば成る」「進取の気性」にも通じるコン
セプトですが、もともとは質問や依頼などに対する肯
定的な返事のCan do.（=I can do it.）から来ていると
されます。その反対は、**No can do.**

　Can do. という表現自体は、今世紀の初めからあっ
たようですが、適者生存（survival of the fittest）の
1980年代からは、can-do attitude/spirit が
entrepreneurship（起業家精神）に最も大切な要素の
1つとされてきました。

　アメリカ人はcan-do spiritに満ちている、とも言わ
れます。なぜならば、Americanの最後の4文字はI
canなので。

警句

Don't just stand there! Do something.

「ぼさっと立っていないで、何かしなさい！」という

ことですが、1940年ごろから決まり文句として扱われるようになりました。

アメリカがん協会（American Cancer Society）のウェブサイトにはDon't Just Sit There というページがあり、Stay active all day to reduce cancer risks と書かれています。

毎日6時間以上座っている人は、健康的な体重を保ち喫煙をしていなくても、癌およびそのほかの主要な病気で死ぬ可能性が高くなると、このページは警告を発しています。（Did you know that sitting for 6 or more hours daily can elevate your chances of dying from cancer and other major diseases — even if you maintain a healthy weight and don't smoke?）

コロナ禍で急激にテレワークが普及し、自宅において長時間デスクワークをする人が増えた結果、エコノミークラス症候群（肺血栓塞栓症）を引き起こす危険性もあります。

最近は日本でも、椅子に座った際に意識して姿勢を正す指導が、各地の学校現場で注目されているそうです。よい姿勢を定着させれば、腹筋や背筋が鍛えられ学習への集中力も身につくと、専門家は指摘しています。

欧米のメディアでは、**sitting disease** とか **text neck** という症状がよく取り上げられるようになってきました。コンピュータの前に長時間座りっぱなしという、

現代のライフスタイルは**sedentary lifestyle**と呼ばれその弊害は以前から指摘されています。

　また、text neckはスマートフォンなどの携帯機器が普及してきてから世界中で見られる新しい症状で、こうした機器を操作する時間が増えて、首の周辺に痛みが生じることです。

　日本でも「階段を見たら薬と思え」というキャッチフレーズとともに、階段を使うことが奨励されています。階段を上るのは、座っている時の8倍のエネルギーを消費し、高血圧や糖尿病などの生活習慣病に効果があるからだそうです。

　アメリカでかつてベストセラーになった*Life's Little Instruction Book*（Rutledge Hill Press）という本があります。511 suggestions, observations, and reminders on how to live a happy and rewarding life という副題がついているように、豊かな生活を送るうえでの常識的なアドバイスを収めたものです。

Get your priorities straight. No one ever said on his death bed, "Gee, if I'd only spent more time at the office."

「自分の優先順位を整理しなさい。死の床で、『ああ、もっと仕事をしておけばよかった』と言った人はいない」

　この本には次のようなアドバイスも載っています。

Never encourage anyone to become a lawyer.
「弁護士になることを、決して誰にも勧めるな」。日本とアメリカでは弁護士に対するイメージが大きく違います。

　アメリカでは「悪徳弁護士」のことを **ambulance chaser** などと呼びます。「救急車を追いかける人」という意味ですが、交通事故の現場から走り出す救急車を追いかけて、事故を種に訴訟を起こすようそそのかす弁護士のことを意味します。
「日本弁護士連合会：基礎的な統計情報」によれば、アメリカには約133万人の弁護士がいるのに対し、日本では4.3万人だそうです。

　こんなことも言われます。

Ninety-nine percent of lawyers give the rest a bad name.「弁護士の99パーセントが残りの1パーセントの評判を落とす」
「悪いのはたった1パーセントでも、全体が悪いと思われてしまう」というのが普通なのですが、弁護士の場合はその逆だということです。

Wake up and smell the coffee.
「目を覚ましてコーヒーの匂いをかぎなさい」ということですが、You're dreaming. とか You're not facing the facts. という意味で使います。現実を直視していない相手に目を覚ますことを促す表現です。

これは、人生相談コラムニスト（advice columnist）のアン・ランダーズ（Ann Landers, 1918-2002）がアドバイスの中でよく使ってから有名になったと言われています。

　Ann Landersは現実的なパンチの利いた回答で有名でしたが、**Put him on a slow boat to China.** というフレーズをよく使っていたのも覚えています。「そんな男は、中国までゆっくり航行する船に乗せてしまいなさい」と、別れることを促す意味ですが、これはフランク・レッサー（Frank Loesser）が1948年に発表したOn A Slow Boat to China という曲のタイトルからきているそうです。

　村上春樹氏の初の短編集に「中国行きのスロウ・ボート」というのがあります。彼もランダーズのコラムを読んでいたのかと思ったらそうではなく、「ソニー・ロリンズ（Sonny Rollins）が演奏しているこの曲が大好き」だったからだそうです。因みにこの曲はローズマリー・クルーニー、ビング・クロスビー、フランク・シナトラ、ディーン・マーティン（Rosemary Clooney, Bing Crosby, Frank Sinatra, Dean Martin）などが歌っています。

　on a slow boat to China というフレーズは、当初はギャンブルやセックスのニュアンスがあったようですが、現代では「非常に長い時間」（a very long amount of time）をユーモラスに表現する場合に使われます。

当時の中国はアメリカから最も遠いところにある国だったからでしょう。

Farlex Dictionary of Idioms には It's been three weeks since I ordered those clothes online — is the package on a slow boat to China or something?（あの衣類をネット上で注文してからもう3週間たった。その荷物は中国行きのゆっくり航路にいるのか何かなのかな）という例文が載っています。

It's not what you know but who you know.
「あなたが何を知っているかではなく、誰を知っているかだ」

つまり知識や実力よりも「人脈」がモノを言うのが現代社会だ、ということです。

It's not who you know but how you are known among the people who know you.
「人脈より大切なのは、あなたの知り合いにあなたはどのような人物であると知られているかだ」とも言います。

Never offer unsolicited advice.
「求められていない忠告は決してするな」

Never reveal a man's wage, and woman's age.

「男の賃金と女の年齢を明かしてはいけない」

　wage と age が韻を踏んでいます。

Never complain, never explain.

「決して愚痴をこぼすな。決して言い訳をするな」

　イギリスの政治家で小説家でもあったベンジャミン・ディズレーリ（Benjamin Disraeli, 1804-81）のことばです。

Put up or shut up.

「行動を起こすか、そうでなければ黙るか」ということで、「言っていることを実行に移すか、それができないのであれば、黙って我慢するか」ということです。同じような意味でもう少し下品な俗っぽい言い方に次のようなものがあります。

Shit or get off the pot.

「うんこをするか、しないんだったら便器から下りろ」

　いずれにしても、「どっちにするのかはっきりしろ」「行動を起こせないのであれば、この場を去れ」ということです。

Never speak ill of the dead.

「死んだ人の悪口を言ってはいけない」

Never leave anything to chance.

「何事も決して運に任せてはいけない」

　chanceは「偶然」の意で、leave nothing to chance とも言います。つまり、運任せ、成り行き任せではなく「万全を期する」「抜かりない」ということです。

Don't even think about parking here.

　don't even think about〔of〕は「…などと思うことさえいけない」という意味で、No Parkingよりずっと迫力のある「駐車禁止」の警告です。「ここに駐車しようかな…」と考えただけで、駐車違反切符を切られそうな気がします。

　この文句はジョークだと思っていたのですが、マンハッタンの街なかに掲げてあるのを見て仰天したことがあります。

親から教わること

Sit up straight. Keep your elbows off the table.

「背筋を伸ばして座ること。テーブルにひじをつかないように」

　欧米の家庭では子供たちは、幼いころから親にこのように教わるそうです。

Don't order surf and turf on your first date.

　女の子の最初のデートでは surf and turf（surf 'n' turf ともつづる）を注文してはいけない、とアメリカの親はよく言うそうです。

　surf は「寄せる波」、turf は「芝生」の意味ですが、これは「シーフードとステーキのセット」のことです。一般のレストランでは roast beef と並んで高価な料理となっています。相手が勘定を払ってくれる食事でこうした高価なものを頼むと、品性が卑しいと思われて二度とデートに誘ってもらえない、ということです。反対に、メニューにあるいちばん安い料理を頼むのも、相手を見くびっているようであまり望ましくないとされています。

　また、ウェイターやウェイトレス（waitstaff）に優しく接するというのも、アメリカのティーンエージャーが親から学ぶ「初めてのデートでの心得」の1つです。server を呼ぶ場合には手を挙げて指をパチンと鳴らしたりせずに、手を自分の目の高さより少し下にして静かにサインを送るのがいいとされています。

A great man shows his greatness by the way he treats little men.

「自分より下の立場の人への接し方に、人の偉大さは現れる」

　イギリスの 歴史家でエッセイストのトーマス・カー

ライル（Thomas Carlyle, 1795-1881）のことばです。

　いずれにしても、一緒に食事をするのは、相手の育ちや人間性などを知るいい方法とされています。食事のスピードは速すぎたり遅すぎたりせずに、相手に合わせてくれるか。相手に対する思いやりの気持ちはどの程度あるのか。Will you pass me the salt, please? とこちらから言うより先に、Would you like ... ? などと尋ねてくれるか。

　食べる前から食べ物に塩やコショウをかけるのは、明らかなマナー違反です。また、つま楊枝をテーブルで使うのはあまり上品ではありません。女性は特にそうしてはいけないとされています。歯の間にものがはさまって、どうしても気になる場合には、バスルームに行って取るのがいいでしょう。

Appearances can be deceiving.
「人は見かけによらない」

Clothes do not make the man.
「衣服は人を作らず」ということで、「人は見かけだけでは判断できない」ということです。ことわざには多くの場合、正反対の意味を持ったものがありますが、**Clothes make the man.** とも言います。こちらは日本の「馬子にも衣装」に通じるようです。

At 50, everyone has the face he deserves.

「50歳になると、誰でもその人にふさわしい顔になる」

　イギリスの作家でジャーナリストのジョージ・オーウェル（George Orwell, 1903-50）のことばです。

　エイブラハム・リンカーン大統領（Abraham Lincoln, 1809-65）は、

Every man over 40 is responsible for his face.

「男は40歳を過ぎたら自分の顔に責任を持て」と言っていたとも伝えられています。

　人は男も女も、ある程度の年齢になると、品性や人格が顔に出てくるのでしょう。

We must learn to walk before we can run.

「走る前に歩くことを覚えなければならない」「千里の道も一歩から」

　物事をやるにはstep by stepで。焦って急ぐと失敗する、という警告。

Nice guys finish last.

　ブルックリン・ドジャース（Brooklyn Dodgers）監督のレオ・ドローチャー（Leo Durocher, 1905-91）が言ったとされる有名なことば。ドローチャーは1975年に *Nice Guys Finish Last* という題の本を書いています。「いい子ぶっていたのでは勝負に勝てない。本当に勝ちたければ最後まで必死に戦え。少しぐらいルールを破

っても。お上品にやっていたのではビリだ」といった
意味で使われます。

学び

There is no royal road to learning.
「学問に王道なし」

A little learning is a dangerous thing.
「生兵法は大怪我のもと」
　わずかばかりの学問はかえって危険である、という
こと。

know a thing or two
　a thing or twoは「1つや2つ」で、know a thing
or twoは「ある程度知識がある」ということ。ただし、
かなりの知識がある場合でもそれを控えめに言う時に
使うこともあります。

A little language（always）goes a long way.
「少しことばを知っていれば、ずいぶん役立つ」
　外国に行く場合、その国のことばを少しでも学んで
おくと役に立つという意味です。

A word to the wise.

「賢者にはひと言にして足る」

A word is enough［sufficient］to the wise. ということわざから、「賢い人には一度言えば十分だ」「賢者は一を聞いて十を知る」ということ。「あまりくどくど言うつもりはない。ひと言言えば理解してもらえるだろう」というニュアンスで使うことがよくある。

It's so 2019.

「実に2019年的な」「過去の遺物の」「コロナ以前の時代の」

so のあとには年や年代のほかにも、last century, yesteryear, Showa era, pre-pandemic などを使うことがありますが、いずれも「時代遅れの」「過去の」といった意味合いが強くなっています。

Join［Welcome to］the club.

「仲間になりましたね」「私たちは同じ立場ですね」という意味で、相手が自分と同じような（悪い）状況になった場合に使います。たとえば、相手が I had to quit remote work and return to the office. と言った時に、自分も同じ状況であれば Join the club. と応じることもあるということです。

Welcome to the modern world.
「現代世界へようこそ」
「それが今の世の中というものだよ。君もやっとわかったのだね」といったニュアンスです。

You can't win 'em all.
「常にうまくいくとは限らない」
　何かに失敗した時、期待した結果を得ることができなかった時に、慰めのために言うことばです。themは弱勢の時には'emとも発音されます。

When you've seen one, you've seen them all.
　略してSeen one, seen 'em all. とも言います。
「1つを見れば、他もすべて見たことになる」、つまりどれも似たり寄ったり、という意味です。
When you've seen one shopping center, you've seen 'em all.
「ショッピングセンターを1か所見れば、他はどこも同じようなものだ」ということ。

Close but no cigar.
「惜しい、もうちょっとで正解だった」
「正解に近いけれど［成果などがとてもいい線まで行っているが］賞品の葉巻はあげられない」ということ。

Behind every great man, there's a great woman.

「成功した男性の後ろには必ず、偉大な女性がいる」

　西洋でも「内助の功」を尊んだことを表しています。

age before beauty

「女性よりまずお年寄りを先に」

「お先にどうぞ」などと言う際に、レディーファースト（ladies first）ではなく、年長者を先に行かせる時に言う決まり文句です。

get〔be〕on the same page

「共通の認識〔理解〕を持っている」「目指すものが同じである」

　イメージとして、会議などですべての参加者が同じページを開いて見ているところから、「共通の情報や認識を持つ〔持っている〕」ということ。read from the same pageとも言う。

　read from a different script は「異なる台本を読む」から「根本的に考え方が違う」という意味。

軟派の文句

You look like a country girl.

　これは*101 Best Opening Lines*（Harmony Books）という本に収められているopening line（軟派の文句）

の１つです。日本語で「あなたは田舎娘のようだね」と女性に声をかければ、反発を買うのは必至のように思えるのですが、この解説には an unusual, non-threatening compliment とあります。つまり、peaches-and-cream complexion（なめらかで柔らかい［血色がよくてすべすべした］顔の肌）をしているね、という褒めことばになるそうです。日本語的には、リンゴのほっぺをした素で飾らない、健康そうな地方出身の女性といったところでしょうか。

日本語の「田舎娘」「田舎者」は、「粗野で教養のない人」というニュアンスがありますが、英語の country girl は a girl who grew up in the country and loves it という意味合いがあり、「健康そうな女性」の語感が強いとされます。ただし、これは女性について使う場合であり、country boy は「都会的な洗練さに欠けた男」という響きが強いそうです。

What's a nice man like you doing in a place［joint］like this?

元々これはバーなどで男が売春婦に声をかける時の決まり文句の What's a nice girl like you doing in a place like this? をもじったものです。今ではふざけて女性から男性に声をかける際に使う opening line でもあるそうです。

非標準的な用法

Say it ain't so!

「違うと言ってよ」「うそでしょ」

ain'tは非標準的な用法で、are［is, am, have, has, do, does, did］notの短縮形です。わざとぞんざいなことばを使って、おどけたり驚きや不快感などを表す時に使います。

You ain't seen nothin' yet.

ain'tに加えてnothin'もnothingのくずれた発音の口語的表記です。そして、ain't, nothin'と二重否定（double negative）になっています。「正しい」英語にすれば、You haven't seen anything yet.ですが、これはロナルド・レーガン大統領が1984年の大統領再選の際に一種のスローガンとして使ったフレーズです。「まだ何も見ていないよ、本格的になるのはこれからですよ」ということで、よい意味でも悪い意味でも使います。

Who'd have thunk it?

「そんなこと思ってもみなかった」「これは驚き［意外］だ」

thinkの標準的な過去形・過去分詞形はthoughtですが、thunkは非標準的な過去形・過去分詞形です。

Who'd have thunk it?は、通常 have にはアクセントを置きません。have の代わりに、of あるいは a と表示することもあります。形容詞句にして、who'd-a-thunk-it product（考えてもみなかったような製品、驚きの製品）などとしても用いられます。

Time's a-wasting.
「時間が無駄になる」

　11世紀から15世紀ごろに使われていた中英語（Middle English）では、動名詞の前に a- をつけて形容詞的あるいは副詞的に「…して」とか「…中で」を表しました。例えば、go a-hunting とか Train is a-coming.のように。今では常套句以外では a- が省かれるのが通例となっています。

　Bob Dylan の曲に *The Times They Are A-Changin'* というのがあります。The times are changing.は「時代は変わり続ける」ということ。

いらいらさせられる決まり文句

　インターネット上には most-annoying clichés（最もいらいらさせられる決まり文句）などのリストがいくつか載っています。いらいらの主な原因は、それらが若者たちの間で流行し、多用され、陳腐な常套句となっている手垢のついたフレーズだからです。私たち外

国人は安易に真似をして使わないほうがいいと思います。たとえば、

like

「（…といった）感じで」「（…というようなこと）を言った」

このような意味で主に若い人たちが口語でよく使う語です。例えば、She was like, "Now I am your boss."（「今は私があなたの上司よ」みたいなことを彼女は言った）といった使い方をします。

若者の流行語、俗語を網羅しているオンラインのUrban Dictionary というサイトにはlikeの説明として、a meaningless word used in teen-age American speech（十代のアメリカ人の話し言葉で使われる意味のない語）とかnonsense word（ナンセンスな語）などとあります。

awesome

「すてきな」「すばらしい」「いかす」

coolは「かっこいい」という意味で、1950年代から使われるようになったものですが、近年はそれに代わってawesomeが若者の間の俗語として、よく使われるようになりました。

もともとはawe-inspiringやawe-struckと同意語で「畏敬の念を起こさせる」「すさまじい」という意味だったのですが、若者の間の俗語として「すばらしい」

の意で広く使われるようになったものです。Urban Dictionary には、something Americans use to describe everything という説明が載っています。口語ではほかに、groovy, hip, copacetic, divine, sensational, unreal なども使われます。正式な文や書きことばにはあまり出てきませんが、会話やテキストメッセージなどではよく用いられます。

to be（perfectly）honest（with you）
「正直にいえば」ということですが、あまり使わないほうがいいとされています。「だとしたら、それ以外のことはうそなのか」と思われてしまうかもしれないからです。

at the end of the day
「1日の終わりに」という文字どおりの意味で使われることもありますが、イディオムとしては「結局のところ」「最終的には」「とどのつまり」という意味になります。

with（all）due respect
「今の発言に大いに敬意を表するものの」「失礼ながら」「おことばを返すようですが」
　due は「当然の」「しかるべき」「十分な」の意で、相手に敬意を払いながら丁寧に反論や批判などをする

場合の決まり文句です。そのあとに But I disagree ... などと続けることがあります。

No worries.

「心配ない」

No problem. や Don't worry. と同じ意味で使われるスラングです。ほかにも No prob. / No problemo [problema]. / Anytime. / No biggie. などがあります。

My bad.

「私が悪かった」「すまない」

軽いミスに対しての、謝る時などに若者たちがよく使います。

比較的最近のアメリカの俗語で、「私がいけない」「私のミスだ」といった意味で若者たちがよく使うものです。Sorry ('bout that). / Sorry, (it was) my bad. などとちょっとしたミスを犯したときに使います。大失敗や取り返しのつかない過ちについては使わないほうがいいでしょう。

Part II

英語の背後にある文化

英語という言語の背後には、同じ言語文化圏にいる人たちが共通に持っている「文化」があります。その文化に精通することなく、語彙や文法をいくら学んでも、本当の意味で英語をマスターしたことにはなりません。世界を舞台に英語で勝負したければ、まずシェイクスピア作品、ギリシャ神話、それに聖書やイソップ寓話など幅広い知識を得ることが重要です。

第3章
ギリシャ神話

　ギリシャ神話とは、古代ギリシャの神々と英雄たちや古代の儀式にまつわる物語で、西洋文明に多大な影響を与えてきました。欧米の文化や欧米人の考え方の根底にあるものを理解するためには、ギリシャ神話を知ることが必須であるとされています。

「ギリシャ神話は、世界の神話のなかでも内容の豊富さにおいて際だっており、文学的価値においても傑出している。とくに欧米人の発想の源泉として、聖書とともに文学、芸術などに多くの主題を提供してきたため、欧米文化を理解するためには、ギリシャ神話の知識を欠くことができない」(『日本大百科全書：ニッポニカ』より)

　しかし、ひと口にギリシャ神話と言っても数多くの神々が登場し、ラブストーリーから恐怖に満ちたものまで多岐にわたっています。なかには「ヘラクレスの冒険」や「トロイのヘレン」「パンドラの箱」などのように、映画や戯曲、マンガなどになって一般によく知られているものもありますが、神々の関係が複雑で理解するのが難しいものもあります。

　この章では、ギリシャ神話にでてくる代表的な神々

や有名なエピソードなどから現代の英語によく登場する語句などをおさらいしてみましょう。

英語にはギリシャ語由来のものがたくさん

　ギリシャ語の語彙は、主に学術用語として英語をはじめとする欧米の言語に広く借用されていて、英語の語彙のうちの12パーセントがギリシャ語から派生していると推定されています。

　また、ラテン語とともに医学、哲学用語には、接頭辞・接尾辞として多く使われているのがギリシャ語です。たとえばanalogy（類似、類推）、anthropology（人類学）、immunology（免疫学）、biology（生物学）、psychology（心理学）などのように-logyで終わる語は、「話」「論」「学問」の意味で、すべてギリシャ語由来です。

　同様に、neuro-は「神経」の意味で、neurology（神経学）、neurosis（神経症）などがあります。

　cardio-は「心臓」で、例としてはcardiologist（心臓専門医）、cardiogram（心電図）、cardiovascular disease（心血管疾患）などがあります。

　hemo-は「血」で、赤血球内にある色素をhemoglobin（ヘモグロビン）と呼びます。ほかにも、brain hemorrhage（脳出血）、hemorrhoid（痔核）などがあります。

carcino-は「癌」で、carcinogen（発癌物質）などがあります。

gastro-は「胃」で、gastritis（胃炎）などがあります。

-iaは病名などの語尾によく使われる接尾辞です。例としては、insomnia（不眠症）、anorexia（拒食症）、bulimia（過食症）、euthanasia（安楽死）、leukemia（白血病）などがあります。

同様に、-itisは「炎」「症」のことで、hepatitis（肝炎）、appendicitis（虫垂炎）bronchitis（気管支炎）、tonsillitis（扁桃腺炎）などがあります。

「病気の状態」を表す接尾語としては-osisがあり、tuberculosis（結核）、osteoporosis（骨粗しょう症）などがあります。

神々の名前に由来する語

ギリシャ神話の神々の名前から英単語になったものもあります。たとえば、時間の神クロノス（**Cronos**）に由来する語にはchronic（慢性の）、chronology（年代記）、anachronism（時代錯誤）などがあります。

arachnid（〈サソリやダニを含む〉クモ型類節足動物）やarachnophobia（クモ恐怖症）などは、女神アテナ（**Athena**）によってクモに変えられてしまったアラクネ（**Arachne**）という少女の物語からきています。

また、phobia（病的恐怖、恐怖症）という語も、ギリシャ神話の恐怖の神フォボス（**Phobos**）に由来しています。

『アラクノフォビア』（原題：*Arachnophobia*）は、1990年制作のスティーブン・スピルバーグ製作総指揮のホラー・パニック映画です。新種の毒グモに襲撃された町を舞台に、クモ恐怖症の医師がそれに立ち向かうストーリーになっています。

ほかにも phobia を接尾辞に持つ語には apiphobia（ハチ恐怖症）、entomophobia（昆虫恐怖症）、myrmecophobia（アリ恐怖症）などがあります。

宇宙開発と天空の神々

アメリカ航空宇宙局は「アルテミス（**Artemis**）計画」を進めています。これはアメリカが主導し欧州、カナダ、日本などが参加する21世紀の有人月面探査計画で、月面での持続的な探査活動の実現や、将来の火星有人探査にもつながる非常に重要な一歩という位置付けです。

当初の計画によれば、2024年までに「初の白人以外と女性」を月面に着陸させることを目標としています。成功すればアポロ17号から半世紀ぶりに人類が月に足跡を刻むことになります。

ギリシャ神話の月と狩りの処女神（virgin goddess

of the hunt and the moon）であるアルテミスはゼウスの娘であり、アポロ（**Apollo**）の双子の妹です。アルテミスの独立心と強さは、古くから女性の幅広い活躍を促してきました。アルテミスは月と結び付けられており、現代のフェミニストの象徴にもなっています。

アルテミス計画は、宇宙開発への女性の参加を増やすことを目的としており、エンジニアの3割が女性です。アルテミスは動物と原野の女神として、環境保護プログラムにも影響を与え、地球を大切にすることで力を発揮する女性の例と見なされてきました。

この計画の下に2022年11月に打ち上げられた新型宇宙船「オリオン」（**Orion**）は、26日間かけて月の周回軌道などを飛行し、地球に無事帰還しました。オリオンは、ギリシャ神話に登場する巨人の狩人です。海神ポセイドン（**Poseidon**）の子とされていますが、神話では死後天に昇ってオリオン座となり、宿敵のさそり座と共に夜空を永遠に廻っているといわれます。

NASAには、神話上の人物にちなんだミッション名を付ける長い歴史があります。1950年代から、多くのロケットや打ち上げシステムにギリシャ神話の天空の神々の名前が付けられました。

たとえば、アトラス（**Atlas**）やサターン（**Saturn**）はタイタン（**Titan**）という巨人族の名前です。

ギリシャ神話では、タイタンは未開の原始的な自然

の力を象徴しており、宇宙開発における驚異的な広大さを連想させます。

　また、ロケットのタイタンは、アメリカが１９５９〜2005年までに368機打ち上げたロケット群の名称で、大陸間弾道ミサイル、人工衛星や惑星探査機の打ち上げに使われました。

　普通名詞としてのtitanは、（産業・芸能などの分野の）巨人、（学識・才能の）傑出した人、巨匠といった意味でも使われます。

　形容詞のtitanicは、タイタンのように巨大な、重要なという意味で、1912年カナダのニューファウンドランド南方で氷山に衝突して沈没した英国の豪華客船の「タイタニック号」（Titanic）もそこから命名されたものです。

　タイタンは強大な力を持つ反面、反抗的で危険な存在であり、最終的にはギリシャ神話の文明の象徴であるオリンポスの神々に倒されました。

　まずAtlasは、ゼウスに背いたため永遠に大地と空を肩で支えるように宣告されたタイタンです。またatlasは現代では「地図帳」を意味する語として使われています。

　Saturnはローマ神話に登場する「富と農耕の神」（god of wealth and agriculture）から名付けられましたが、ゼウスがタイタンを倒した後、Saturnはオリンポス山から逃亡して、イタリアに移住し、すべての

人々が平等で、収穫が豊富な黄金時代を築いたと言われます。土曜日のSaturday（Saturn's day）は、Saturnにちなんで名づけられました。

有人宇宙飛行の実現に伴い、NASAはミッションの名称を、空に関係するゼウスの子供たちの名前から取るようになりました。

1958年から1963年まで実行された「マーキュリー計画」（**Mercury** program）は、人類を地球の軌道に乗せることを目標に、アメリカが行ったロケットを使った飛行計画のこと。1回のマーキュリー飛行に、1人の宇宙飛行士が搭乗した有人飛行計画です。この計画は1961年から1963年まで行われ、ローマ神話の「神々の使者」（messenger of the gods）であるMercury（ギリシャ神話のHermesに当たる）にちなんで命名されたものです。

またMercuryは太陽に最も近い惑星の「水星」のことでもあります。

1961年から1966年にかけてアメリカが実施した「ジェミニ計画」（**Gemini** program）にも、ギリシャ神話の神の名前が使われました。Geminiは一連の宇宙飛行計画ですが、一般的には星座の「双子座」（the Twins）を意味します。

ジェミニの各フライトには2人の宇宙飛行士が搭乗しました。このプログラムの成果として、初の宇宙遊

泳（宇宙カプセルの外での宇宙飛行士の移動）や、地球軌道上で人類初の2つの宇宙船の連結が挙げられます。

　そして1961年から1972年にかけて実施されたアポロ計画（Apollo Space Program）は、NASAによる人類初の月への有人宇宙飛行計画です。これは、マーキュリー計画、ジェミニ計画に続く三度目の有人宇宙飛行計画となりました。

　マーキュリー宇宙船は、1人の飛行士を乗せて低軌道を周回させただけでしたが、ジェミニ計画の各フライトには2人の宇宙飛行士が搭乗しました。そしてアポロ宇宙船では3人の飛行士を乗せ月を周回し、人類が初めて有人宇宙船により地球以外の天体に到達したのです。

　1969年7月20日、宇宙飛行士ニール・アームストロング（Neil Armstrong, 1930-2012）がアポロ11号で最初に月面に着陸し、全6回の有人月面着陸に成功しました。

　アポロ計画は、1972年にすべての月飛行計画が終了しました。その計画の名前は、ギリシャ神話の「詩、予言、医術、光明の神」（god of poetry, prophecy, medicine and light）のApolloから命名されたものです。

グローバル企業も神々の名前をブランドに

Amazonは、小売業界にイノベーションを起こした大手オンラインストアの名前ですが、ギリシャ神話では、女戦士の名前です。アマゾン族の女は、弓を引く便利さから右乳房を切ったと言われています。

EOSは、キヤノン製のカメラの名前。開発コードのElectro Optical Systemの略であり、ギリシャ神話に登場する「暁の女神」（goddess of dawn）の名でもあるともされています。ギリシャ神話では、2頭立ての馬車に乗り、太陽神ヘリオス（**Helios**）の先駆として空を走ります。

Olympusは、ギリシャの神々が住んだというオリンポス山（Mt. Olympus）にちなんで付けられました。日本の内視鏡、顕微鏡などの光学機器、電子機器のメーカー。カメラ事業からは2020年に撤退し、内視鏡、治療機器、科学事業に経営資源を集中しています。

1971年にアメリカのシアトルで設立されたStarbucksのロゴは、世界中で最も広く認識されているマークとも言えるでしょう。モチーフとなっているのはギリシャ神話に出てくる「セイレン」（Siren）という海の妖精です。当初は外側の円にSTARBUCKSなどと書かれていたのですが、ブランド名の認知が高まり2011年からは文字が消えました。

セイレンは、上半身が女性、下半身が鳥の姿をした怪物で、近くを通る船の船員をその甘い歌声で誘惑し、難破や死へと誘ったとされています。比喩的にセイレンとは、誘惑する美しい女性のことです。スターバックスは「人びとを魅了する」という意味でセイレンをロゴに使っているようです。

ギリシャ神話で **Pandora** は、神々の王（king of the gods）ゼウス（Zeus）が地上に送った最初の女性の名前で、ギリシャ語で pan-（全）、＋ dora（贈られた）、つまり「あらゆる贈り物を与えられた女」を意味しますが、デンマーク・コペンハーゲンに本拠を置くジュエリー・アクセサリーの製造・販売企業はPandoraを商標名として使っています。

また「パンドラの箱」（**Pandora's box**）の逸話も有名です。これはゼウスからパンドラに贈られた箱で、禁を破り開くと中からあらゆる悪災（hatred, war, death, hunger, sickness and all the disasters）が出て世に広がり、「希望」だけが残ったと言われています。そこから **pandora's box**［**can of worms**］と言えば、「思いがけない災いの根源」「複雑で解決困難な問題」を意味するフレーズとして使われています。

Oracle は古代ギリシャでは神託所や神官を意味したようですが、Oracle Corporation は、テキサス州に

本拠を置く、民間法人や公的機関を対象とするビジネス用途に特化したソフトウェア会社です。

Tridentはギリシャ神話の海神ポセイドンが持つ「三叉の矛（またほこ）」ですが、アメリカのチューインガムのブランドでもあります。またアメリカの潜水艦発射弾道ミサイルの名前でもあります。

Nikeはギリシャ神話では勝利の女神（goddess of victory）のニケですが、Just do it というスローガンで有名なアメリカのスポーツシューズやスポーツ用品の商標名でもあります。またナイキは米陸軍の地対空ミサイルの名前としても使われています。

Midasは自動車修理・メインテナンスサービスを提供するアメリカのチェーンですが、ギリシャ神話のミダスは、手に触れる物をすべて黄金に変える力を与えられた王国フリュギア（Phrygia）の王の名前です。Midas touch とは「何でも金にしてしまう能力」のことで、簡単に富を手に入れる人もそう呼ばれます。

Hercules

ゼウスの息子のヘラクレス（Hercules）は、ギリシャ神話に登場する半神半人の登場人物で、神話では最大の英雄であり、地上最強の男であったとされています。一見不可能と思われる12の功業（**12 Labors of Hercules**）を完遂したことで有名です。

そこから、「超人的な」「（仕事などが）きわめて困難

な」「（努力が）すさまじい」といった意味でherculean
という語が使われます。

　12の功業の１つは、3000頭の牛を飼いながら30年間
掃除しなかったアウゲイアス王（King Augeas）の牛
舎をヘラクレスが１日で清掃したという話（Clean the
Augean Stables in One Day）です。

　Augean という語は、（Augeas の牛舎のように）
「不潔な」とか「極めて困難で、やっかいで不愉快な」
「（道徳的に）腐敗した」といった意味になっています。
clean the Augean stable とは「腐敗を一掃する」
（clear away corruption）といった意味で使われます。

　もう１つの功業は、ライオンの胴体と９つの蛇の頭
を持ち、火を噴く怪物ヒュドラ（**Hydra**）を殺すこと
でした。

　ヒュドラは不死身の生命力を誇り、首を倒してもす
ぐに傷口から２つの首が再生し、中央の不死身の首を
切り落とさない限り倒すことができなかったとされま
す。そこでヘラクレスは甥のイオラオス（Iolaus）と
協力して、首の傷口が再生しないように松明で焼き、
最後に中央の首を切り落として倒したと伝えられてい
ます。最後に残った不死の頭は切り落とし、身体とは
別々にして埋め、ヘラクレスは身体の残り部分を切り
刻み、討伐に成功したのです。

神々から火を盗み、人間に与えたタイタン

　タイタンであるプロメテウス（**Prometheus**）は常にゼウスと対立し、ゼウスが人間から火の使用を取り上げた後、火を盗んで人間に与えたのは有名な話です。その罰として、プロメテウスはコーカサス山脈の岩山に鎖でつながれ、ハゲワシ（ゼウスのシンボル）に肝臓を食われました。

　プロメテウスは不死身なので、肝臓は再生するのですが、次の日にまた同じことが繰り返されます。プロメテウスは苦しめられながらもゼウスの意志に従おうとしなかったのです。結局、彼はヘラクレスによって救出されましたが、権威に対する孤独で勇敢な抵抗の象徴となりました。

　イカロス（**Icarus**）は、クレタ島の迷宮（**labyrinth**）を作った名工匠のダイダロス（**Daedalus**）の息子。蠟付けの翼でクレタ島から脱出したが、太陽に近づきすぎて蠟が溶け、海に落ちて死んだと言われます。Daedalus は 創意工夫 と 職人技 のシンボル（symbol of inventiveness and craftsmanship）です。

Narcissus and Echo
　ナルキッソス（Narcissus）は、泉に映った自分の姿に恋いこがれて死に、スイセンの花（narcissus）と

化した美少年の名前。

　ナルシシズム（narcissism）の特性は、Oxford English Dictionary によれば、excessive interest in or admiration of oneself and one's physical appearance「自分自身や自分の身体的外観に対する過度の関心や賞賛」で、「（過度な）自己愛」「自己陶酔（症）」のこと。

　そしてエコー（**Echo**）は空気と土との間に生まれた森の精（nymph）で、Narcissus に恋慕したが、顧みられないので身はやせ細って、ついに声だけが残ったと言われます。そこからechoは「こだま」のこと。

Oedipus

　エディプス（Oedipus）は、知らずに父を殺し母と結婚した悲劇の王。エディプス・コンプレックス（**Oedipus complex**）は、オーストリアの精神科医のジークムント・フロイト（Sigmund Freud）が提唱した概念です。男の子が無意識のうちに母親を慕い父親に対して強い対抗心を抱くこと。

　オルペウス（**Orpheus**）は竪琴の名手として知られ、彼が竪琴を弾くと、森の動物たちばかりでなく木々や岩までもが彼の周りに集まって耳を傾けたと言われます。やがて彼はエウリュディケ（**Eurydice**）と恋に落ち、結婚しましたが、結婚式の日、彼女は毒蛇にかま

れて死んでしまいました。オルペウスは悲しみのあまり、悲痛な音楽ばかりを奏で、それが神々に伝わり、神々は妻を失ったことを憐れに思うようになりました。

やがて、オルペウスは妻を取り戻すために冥府（めいふ）に入ります。彼の弾く竪琴の哀切な音色の前に、冥界の人々は魅了され、みな涙を流して聴き入りました。ついにオルペウスは冥界の王ハデス（**Hades**）とその妃ペルセポネ（**Persephone**）の前に立ち、竪琴を奏でてエウリュディケの返還を求めました。オルペウスの悲しい竪琴の音に涙を流すペルセポネに説得され、ハデスは、「冥界から抜け出すまでの間、決して後ろを振り返ってはならない」という条件を付け、エウリュディケをオルペウスの後ろに従わせて送ったのです。目の前に光が見え、冥界からあと少しで抜け出すというところで、不安に駆られたオルペウスは後ろを振り向き、妻の姿を見ましたが、それが最後の別れとなりました。

トロイ戦争（**Trojan War**）は、古代ギリシャ本土の軍と現在のトルコにある都市トロイとの間で行われた戦争です。紀元前1200年頃に始まり10年間続いたとされるこの戦争は、多くの伝説の元になっています。

ギリシャ人は、トロイに連れ去られたギリシャ王の妻である「トロイのヘレン」（**Helen of Troy**）を取り戻すために出兵しました。ギリシャ軍はトロイの木馬

（Trojan Horse）の策略で最終的な勝利を収め、トロ
イを焼き払い、ギリシャに戻ったとされます。

「トロイの木馬」とはギリシャ神話のトロイ戦争にお
いて、ギリシャ人が勝つために使った木でできた大き
な馬のことです。これがトロイを陥落させる決め手と
なったとされる装置です。中に大きな空洞があり、人
が隠れることができるようになっていました。

これが**Beware of Greeks bearing gifts.**「贈り物
を持ったギリシャ人に気をつけろ」ということわざの
元になっています。プレゼントを持ってくる敵は信用
するな、何か策略を持っている可能性が高い、という
ことです。

トロイ戦争でギリシャ軍の英雄となったのが、半神
半人のアキレス（**Achilles**）です。しかしアキレスは
敵に唯一の弱点であるかかとを矢で射られて死んでし
まいます。そこから、その部位を**Achilles' heel**（アキ
レスのかかと）と呼び、「強いものがもつ唯一の致命的
な弱点・急所」の比喩表現としても用いられるように
なったものです。

「アキレス腱」は足首の後にある腱のことで、解剖用
語としてはAchilles' tendonと呼びます。

第4章
イソップ寓話

「イソップ寓話」（**Aesop's Fables**）は、紀元前6世紀ごろに古代ギリシャのアイソーポス（英語ではAesop）という名の奴隷が作ったとされる物語を集めた寓話集です。寓話とは、教訓や風刺を含んだ短い物語のこと。

ただイソップがこうした物語を書き残したという具体的な証拠も、イソップが実際に存在したという明確な記録もありません。しかし、イソップが残した知恵や教訓は、2500年以上もの間、日常的な表現として生き続けています。

現在、イソップ寓話として伝わっている物語は300以上あるといわれています。イソップ寓話は、今でも道徳的な教訓として教えられ、様々な娯楽、特に児童劇やアニメの題材としても使われています。

ただ、今日伝わっているイソップ寓話がすべてイソップ作というわけではありません。古代ギリシャで紀元前6世紀よりずっと前の時代から語り継がれてきた物語も多く含まれているようです。

もともと書物として世に出たわけではなく、人々の口から口へ、口伝えで伝わっていきました。主に擬人

化した動物などを主人公にしています。

　そのいくつかを見てみましょう。

　その最も有名なものの一つが「アリとキリギリス」（**The Ant and the Grasshopper**）です。もうご存じでしょうが、こんなストーリーになっています。

　暑い夏の日、キリギリスはのんびりバイオリンを弾いたり踊ったりしていました。一方、アリは一生懸命食料を運んで働いています。食べ物はたくさんあるのに、あくせく働くなんてばかばかしい、とアリをあざ笑うキリギリス。やがて寒い冬がやってきます。

　キリギリスはずっと遊んでいたので、冬の備えをしていません。アリは夏のうちにしっかり働いていたので、備蓄は万全です。キリギリスはアリに食べ物を分けてもらおうとするのですが、アリは辛らつなことばを浴びせ食べ物を分けることを拒否しました。

　初期のイソップ寓話では、「アリとキリギリス」ではなく「アリとセミ」だったと伝えられています。ギリシャなど地中海沿岸に広く生息しているセミは、古代ギリシャでも多くの文学に取り入れられていた昆虫です。しかしアルプス山脈を越えたヨーロッパ北部になるとセミの生息圏外になるため、当地の人々にとってセミが馴染みのない昆虫になってしまいました。今でもセミが生息しない地域はヨーロッパに存在します。そこでこの物語がヨーロッパ北部に伝わった際、セミ

からキリギリスに改変されたと考えられています。

　この物語の結末には、大きく分けて2つのパターンが存在します。キリギリスを軽蔑したアリが食べ物を分けずに冷たく突き放すケースが一番知られているでしょう。ここではキリギリスは食べるものを得ることができず飢えて死んでしまいます。

　しかし別のバージョンは、アリがキリギリスに食べ物を分けてあげるというもので、キリギリスは改心して働くようになります。このエンディングは、キリギリスが飢え死ぬのでは残酷だという感情から生まれたものとされています。

　いずれにしても、この物語の教訓は、勤勉な労働の美徳と計画的に生活し将来に備えることの大切さ（a lesson about the virtues of hard work and planning effectively for the future）です。

　関連することばにこんなものもあります。

Make hay while the sun shines.
「太陽が照っているうちに干し草を作っておけ」「やれる時にやっておけ」

There's a time for work and a time for play.
「遊ぶ時は遊び、働く時は働く」

「ウサギとカメ」（**The Hare and the Tortoise**）.
　ウサギとカメが山のふもとまで競走することになりました。ウサギはどんどん先に進み、カメはのろのろ。

勝負にならないとばかりに、ウサギは途中でひとりごろんと一休み。一方のカメはのろいながらも休まず着実に歩みを進めます。ウサギが目覚めた時には既に時遅し、カメは山のふもとにたどり着いていたのでした。

Slow and steady wins the race.

「遅くとも着実な者が競走に勝つ」「急がば回れ」ということわざがこの物語から生まれたとされています。

　自分の能力に過信することなく、気を緩めず着実な努力をすれば、やがて大きな勝利を得る可能性もある、油断は大敵であるという教訓が込められている物語です。

誰が猫の首に鈴をつけるか

Who will bell the cat?

　日本では「ネズミの相談」として知られていますが、英語では bell the cat（猫の首に鈴をつける）という成句になっており、「他人が嫌がる中で進んで難局に当たる」という意味で使われています。

　ネズミたちは、いつも猫のためにひどい目にあわされていました。どうにか反撃できないかと集まって相談することにしたのですが、その中の一匹が、「猫が来たらすぐ分かるように、猫の首に鈴を付けよう」と提案しました。それは名案だとネズミたちは喜んだのですが、誰がそれを実行するかという段になると、その

役を買って出る者はいませんでした。

　つまり、いくら素晴らしい案でも、実行できなければ絵に描いた餅であり無意味である、ということです。

　このたとえ話から、名案でも実行するのに問題が生じる案を「猫の首に鈴」と表現するようになったのです。

cry wolf
「オオカミが来た」

　これは「虚報を伝える」「うそをついて人々を驚かせる」という意味。

　日本では「オオカミ少年」とも呼ばれていますが、「羊飼いとオオカミ」（The Shepherd Boy and the Wolf）から生まれた成句です。

　羊飼いの少年は「オオカミが来た！」とうそをついて人々を驚かせることを何回もやったので、人々から信用されなくなり、本当にオオカミが来た時に信じてもらえなかった、という話です。

A liar will not be believed, even when he speaks the truth.
「うそつきは、たとえ真実を話しても信じてもらえない」

金の斧と銀の斧

　これは日本では「金の斧」「金の斧と銀の斧」などとして知られている「ヘルメースと木こり」（**Mercury and the Woodsman**）の物語です。

　正直な木こりが斧を川に落としてしまい嘆いていると、ヘルメースが現れて川に潜り、金の斧を拾ってきて、木こりが落としたのはこの金の斧かと尋ねました。木こりが違うと答えると、ヘルメースは次に銀の斧を拾ってきたのですが、木こりはそれも違うと答えたのです。最後に鉄の斧を拾ってくると、木こりはそれが自分の斧だと答えました。ヘルメースは木こりの正直さに感心して、3本すべてを木こりに与えました。

　それを知った欲張りな別の木こりは斧をわざと川に落としました。ヘルメースが金の斧を拾って同じように尋ねると、その木こりはそれが自分の斧だと答えたのです。しかしヘルメースは嘘をついた木こりには斧を渡しませんでした。欲張りな木こりは金の斧を手に入れるどころか自分の斧を失うことになったのです。

　ヘルメースあるいはヘルメスとはギリシャ神話の伝令神Hermesのこと。ラテン名メルクリウスMercurius（英語はMercuryで、「水星」や「水銀」の名のもととなっています）。

Honesty is the best policy.
「正直は最善の策」という教訓の物語。

lion's share

　The Lion, the Fox and the Ass「ライオンとキツネとロバ」から、文字通りの意味は「ライオンの取り分」ですが、イディオムとしてはそこから「一番大きい［最良の］分け前［部分］」という意味で使われます。

　ある時、ライオンとロバとキツネが狩りに出かけました。ロバは獲った獲物を均等に３等分に。しかしこの分け方に怒ったライオンは、ロバを殺して食べてしまいました。

　今度はキツネが獲物を分けることになりましたが、キツネは獲物の大半をライオンに分配し、自分の取り分として、ほんの少しだけもらいました。ライオンが「どこでこのような分け方を学んだのか」とキツネに尋ねると、キツネは「ロバの悲劇からだ」と答えたのだそうです。

Better be wise by the misfortunes of others than by your own.

「自分の不幸より他人の不幸で賢くなる方がいい」という教えです。

「乳搾りの女と手桶」（**The Milkmaid and Her Pail**）

　乳搾りの女が牛の乳を搾って、搾りたての牛乳の入った手桶を頭の上に載せて戻ってくる道すがら、将来のことがさまざま頭に浮かんできました。牛乳を売っ

た利益で、タマゴを買おう。そして養鶏場を作り、その利益でお祭りに着ていく派手なガウンを買おうと思い立ちます。そして、そのガウンを着て、男の子たちが集まってくることを想像した少女は、頭を振ったので、牛乳の入った手桶が地面に落ち、中の牛乳がこぼれました。卵も雛も新しい服も、乳搾り女の誇りも、みんなこぼれてしまったのです。

Don't count your chickens before they are hatched.

「孵化するまでは雛の数を数えるな」

Don't cry over spilt milk.

「こぼれたミルクを嘆いても仕方がない」「覆水盆に返らず」

すっぱいブドウ

「キツネとブドウ」（**The Fox and the Grapes**）

　sour grapesは「すっぱいぶどう」ですが、手に入らないものの悪口を言って気休めにすることで、**cry sour grapes**で「負け惜しみを言う」という意味になります。

　キツネがブドウを見つけたのですが何度ジャンプしてもなかなか届かず、しまいには「どうせこれはすっぱいブドウだ」と負け惜しみを言ったという話からきています。

「ライオンとネズミ」（**The Lion and the Mouse**）からですが、日本では「ネズミの恩がえし」としても知られている話です。

　ある時、ライオンが昼寝をしていると、その背中に駆け上がってきたネズミがいました。ライオンは目を覚まし、ネズミを捕まえて食べようとします。「どうか助けてください。もし見逃してくださったら、いつか必ず恩返しします」ネズミはそう懇願します。こんな小さなネズミに何ができるか、と思いながら、ライオンはネズミを逃がしてやりました。

　何日かして、ライオンは人間が仕掛けた罠にかかって動けなくなってしまいました。呻き声をあげていると、あのネズミが現れ、ライオンの体に巻き付いているロープを鋭い歯でかみ切って、ライオンを罠から救出、あの約束を果たしたのです。

　どんなに小さなことでも、他人への思いやりや施しは、いずれ自分の身に返ってくるもの、という教訓がひとつ。また、ライオンのような強者でも、時には弱いものに助けてもらわなければならないことがある、という教訓も。

No act of kindness, no matter how small, is ever wasted.

「親切な行いは、どんなに小さなことであっても、決して無駄にはならない」

「ガチョウと黄金の卵」（**The Goose with the Golden Eggs**）

　ある村に貧しい農民が妻と暮らしていました。ある時、農民は飼っているガチョウが黄金の卵を産んでいるのを見つけて驚きました。それからもガチョウは1日に1個ずつ黄金の卵を産み、卵を売った農民は金持ちになりました。しかし農民は1日1個しか卵を産まないガチョウに物足りなさを感じ、きっとガチョウの腹の中には金塊が詰まっているに違いないと考えるようになったのです。

　そこで欲を出した農民はガチョウの腹を切り裂きました。ところが腹の中に金塊などなく、その上ガチョウまで死なせてしまったのです。愚かな農民は、毎日金の卵が得られる見込みも、ガチョウも失ってしまいました。

　この寓話の教訓は、**Grasp all, lose all.** で、「欲張ってすべてを手に入れようとすれば、そのすべてを失う」「欲ばりのまる損」ということです。

「カラスと水差し」（**The Crow and the Pitcher**）

　のどが渇いたカラスが、あるところで少しだけ水が入った水差しを見つけました。しかしその水差しは飲み口が細くなっていて、カラスのくちばしでは水を飲むことができません。

　そこで、カラスの頭にいい考えが浮かびました。近

くにあった小石を一つ、また一つと水差しの中に落としていきます。水差しの水位が十分に高くなったところで、とうとうカラスは水差しから水を飲むことができたのです。

　どんな悪い状況でもあきらめず力を尽くすことが大切である、という教訓が込められています。

Necessity is the mother of invention.
「必要は発明の母」

「鷹とナイチンゲール」（**The Hawk and the Nightingale**）

　ナイチンゲール（ツグミ科の小鳥）が鷹の爪に捕まったのですが、鷹に自分を逃がしてもっと大きな鳥を追ったほうが空腹を紛らわせることができるとナイチンゲールは命乞いをしました。

　そこで鷹は言いました「まだ見ぬ鳥を追うために、手近にある食べ物を手放すことはない」。そして鷹はナイチンゲールを食べてしまいました。

　1羽の鳥を捕まえたならば、その1羽に満足し、遠くにいる鳥を捜し求めてはいけない、という意味です。「確実ではないものに期待するより、たとえわずかであっても実際に手の中にあるものを大事にしよう」という時に使われます。

A bird in the hand is worth two in the bush.
「手中の1羽の鳥は、やぶの中の2羽に値する」

「明日の百より今日の五十」

Better an egg today than a hen tomorrow.

「明日の鶏1羽よりも、今日の卵1個のほうがいい」

第5章
聖句

　聖書（Bible）は、英語圏で最も広く読まれている書物で、旧約聖書（Old Testament）と新約聖書（New Testament）の総称です。聖句とは聖書の中の言葉のこと。

　聖書は西洋文化の礎（いしずえ）であるため、個々人の宗教的信条にかかわらず、聖書の基本的な知識を持っておくことは重要です。多くの絵画や彫像などの芸術作品は、聖書に出てくる人物や場面を描いていますし、聖句は英語圏の人々の日常会話の一部になっていると言ってもいいでしょう。

　たとえば、「ダビデとゴリアテ」（David and Goliath）とはどのような戦いなのか、「ソロモンの知恵」（wisdom of Solomon）を持つ人は賢いのか、「ヨブのような忍耐強さ」（patience of Job）とはどのような忍耐力なのか。英語圏で教育を受けた人ならほとんど誰でも知っているこうした表現の意味を理解していなければ、ネイティブスピーカーとの会話に十分に参加することはできません。

　聖句の多くはことわざにもなっていますが、現代のジョークにも登場します。

Blessed are the meek; for they shall inherit the earth.

「柔和な人たちは幸いである。彼らは地を受け継ぐであろう」

　もともとは「マタイ伝」（Gospel According to St. Matthew）にある言葉ですが、meek と 1 字違いの geek を使って、

The geek shall inherit the earth.

などとふざけることがあります。

　現代アメリカ口語では、特にハイテク、コンピュータに関連して、何かに没頭している人や熱中している人を指し、computer geek, movie geek などと使われるようになっています。

　このもじりの意味は、「コンピュータ・オタクがこの世を征するであろう」ということです。

　キリスト教倫理の根本原理とされる「黄金律」（golden rule）は、

Do unto others as you would have them do unto you. です。

　これはキリストの「山上の垂訓」（**Sermon on the Mount**）中の一節の Whatsoever ye would that men should do to you, do ye even so to them. を簡約にしたもので、Golden Rule と大文字で表記することもあります。「人にしてもらいたいと思うことは、あなたも

人にしなさい」「おのれの欲するところを人に施せ」ということです。**Do as you would be done by.** とも言います。

ただ golden rule は一般的に、宗教や哲学などに限らず、「行動や物事の基本原則」「行動規範」「普遍的な真理」という意味でも使われます。

例えば、6 golden rules for responding to emails 「メールに返信する場合に守るべき6つのルール」、golden rule of creative writing 「創作に関する黄金律」、golden rule of grammar 「文法の基本的法則」のように。

There is nothing new under the sun.
「太陽の下に新しいものなし」というのは旧約聖書の「伝道の書」（Ecclesiastes）にあることばです。どんなに新しいと思われることでも、実は、昔あったものの変形にすぎない、完全に新しいアイデアなど存在しないという意味でことわざとして使われます。

関連した西洋のことわざとしては、**There is nothing permanent except change.**（この世の中に不変のものなどない。変わらないのはいつの世にも変化があるということだけだ）。

There's a time and place for everything.
「何事にもそれなりの時と場所がある」「今は適切な時

と場所ではない」という意味合いで使うことがあります。旧約聖書「伝道の書」より。

Man shall not live by bread alone.
「人はパンのみにて生きるにあらず」
「マタイ伝」にある言葉ですが、この表現は、多くの人にとって、物質的なものだけでなく、精神的な充足も必要であることを指摘するために使われます。

Man cannot live by bread alone; he must have peanut butter.
「人はパンだけで生きるのではなく、ピーナッツバターも必要だ」
　ジェームズ・ガーフィールド大統領（James Garfield, 1831-81）の茶目っ気のあることばとされていますが、彼の時代にはまだピーナッツバターはなかったそうです。
　live by で「…をして暮らす」「…によって生きる」ということで、The freelancer lives by contributing articles to newspapers and magazines. は、「そのフリーランサーは、新聞や雑誌に寄稿して生計を立てている」ということ。

　同じく「マタイ伝」に出てくるのは、
Live by the sword, die by the sword.

「剣によって生きる者は剣によって滅ぶ」

「暴力は暴力を生む」「自業自得」ということで、他人に対して暴力を使えば、やがて自分に対しても同じ暴力が使われるようになることを覚悟すべきだ、ということ。

地の塩

salt of the earth

「地の塩」「社会の中で最も善良な人」「社会の健全分子、中核階層」。「マタイ伝」より、「平凡ではあるが、善良で誠実な人」（someone who is ordinary but good and honest）のことです。「塩」は古代から貴重なものだったので、比喩として使われたと考えられます。

「山上の垂訓」（Sermon on the Mount）の中で、イエスは主に漁師やその他の素朴な人々である弟子たちに、「あなたがたは地の塩である」と言いました。

land of milk and honey

「豊かな［よく肥えた］土地」

　乳と蜜のあふれる土地、豊かな暮らしができる土地、ということ。「出エジプト記」（Exodus）に出てくることば。land flowing with milk and honey ともいいます。**Promised Land**（約束の地）のこと。

Land of Nod

「ノドの国」。**in the Land of Nod** は「眠りの国［世界］に入って」から「眠りについて」ということ。

　Nod は旧約聖書の「創世記」（Genesis）に出てくる「ノドの国」で、カイン（Cain）がアベル（Abel）を殺害した後移り住んだと言われる「エデンの東」（east of Eden）にある地のこと。しかし nod には「うなずく」「（眠くて）こっくりする、舟をこぐ」という意味があるところからの一種のしゃれ。

patience of Job

「（ヨブのような）並はずれた忍耐力［忍耐強さ］」

　Job は旧約聖書の「ヨブ記」（Book of Job）の主人公で、数々の苦難に耐え信仰を守り通したとされるところから。比喩的に「辛抱強い人」のことを as patient as Job と呼びます。

wisdom of Solomon

　ソロモン（Solomon）は旧約聖書に登場する古代イスラエルの第3代の王ですが、知恵のある裁きを行なう賢者（sage）として有名になりました。ある時、2人の女が1人の赤ちゃんをめぐって言い争い、どちらも自分が母親だと主張しました。ソロモンは、家来に剣を持って来させると、こう命じました。「生きている子を二つに裂き、1人に半分を、もう1人に他の半分

を与えよ」。すると片方の女はそれに同意しますが、本当の母親はすぐに、子供をもう1人の女に渡してくださいと懇願します。ソロモンはそう願い出た女が母親であることを見抜き、その女性に赤ちゃんを与えたと言われます。

　日本にも「大岡裁き」に似たような話がありますね。南町奉行の大岡忠相は、いずれも自分の子だと主張する2人の女に対して、子供の両手を持ち引っ張ることを命じました。1人の女が痛がる子供がかわいそうで腕を離したところ、大岡はそちらを母親と決めた、というものです。

David and Goliath

　若くたくましい羊飼いの少年ダビデが巨人戦士ゴリアテ（英語読みはゴライアス）を倒すという旧約聖書「サムエル記」（Books of Samuel）の中の逸話から、立場的に弱小な者が強大な者を打ち負かすたとえとしてよく用いられます。ダビデは投石器（sling）と石だけで武装して、ゴリアテとの戦いに出かけました。神が味方をしてくれたので、ダビデは巨人を殺すことができたと言われます。

prodigal son
「放蕩息子」

　prodigalは「浪費家の」「金遣いの荒い」という意

味の形容詞で、prodigal son は新約聖書「ルカによる福音書」（Gospel According to Luke）に出てくる「（悔い改めた）放蕩息子」のことで、父の財産を浪費したが、回心して家に帰り温かく迎えられたという人物のこと。the return of the prodigal son は「放蕩息子の帰宅」「罪人の悔い改め」の意味で用います。

　イエス・キリストはたくさんのたとえ話（parable）をしましたが、「放蕩息子」はその中でも特に有名なお話です。

through the eye of a needle
「（裁縫の）針の目［穴］を通って」

　小さい針の穴に糸を通すのは難しいというところから、「極めて困難なことをする」「ほとんど不可能な過程を通過する」という意味にたとえられます。

「ルカによる福音書」「マルコによる福音書」には、

For it is easier for a camel to go through the eye of a needle than for a rich man to enter into the kingdom of God.

「富んでいるものが神の国に入るよりは、ラクダが針の目を通り抜ける方が簡単である」という有名な一節があります。

see eye to eye
「意見が同じ」ということ。「イザヤ書」（Book of

Isaiah）から、「見解がまったく一致する」という意味。実際には not see eye to eye と否定形で使われることが多く、誰かと意見が合わないことを表現する時に使われます。

「復讐」のことば

---

an eye for an eye, tooth for tooth
「目には目を、歯には歯を」

　旧約聖書にある「復讐」のことば。相手にされた通りの仕返しにとどめ、それを超えてはいけないという戒めです。

Vengeance is mine.

　これは新約聖書「ローマ人への手紙」（The Letter to the Romans）などに出てくることばで、「復讐するは我にあり」です。

　このフレーズは、作家の佐木隆三さんの1975年直木賞受賞作の『復讐するは我にあり』がきっかけで有名になったと言われています。しかしもともとの聖書の文句は「人には復讐の権利がある」という意味ではありません。よく間違って解釈されています。

　本当の意味は、復讐をするのは神の役割だから、神の怒りに任せ、できる限りすべての人と平和に過ごし、人は復讐をしてはいけないと、聖書は復讐自体を戒め

ているのです。

Live well. It is the greatest revenge.

　聖書ではありませんが、ユダヤ教の教えを集大成した本「タルムード」（The Talmud）に収められていることばで、「立派な生き方をせよ。それが最大の復讐だ」ということです。
「会社を辞めても、立派に生きればいい。それが自分を追い出した人たちを見返してやることになる」といった意味に解釈されます。

ashes to ashes, dust to dust
「灰は灰に、塵は塵に」
　キリスト教の葬儀で、棺を埋葬する際に使われる。聖書からの直接的な引用ではありませんが、創世記のことばから作られたフレーズと言われます。
　人は神が土から作ったので、死ぬと人は塵に過ぎず、土に返る、ということ。

shibboleth
「慣習、主義、（特定の集団内の）特殊なことば使い」
「士師記」（Book of Judges）によれば、ギレアデ人（Gileadites）が、shの音を発音できないエフライム人（Ephraimites）の落人を見分けるために使った試しことばからと言われます。

sign of the times

「時代の動向、時代の特徴を端的に示すもの、時勢の表れ」

「マタイ伝」などに出てきます。歓迎できない時代の趨勢(すうせい)を嘆く場合によく使います。*Longman Dictionary of Contemporary English* には It's just a sign of the times that many children have mobile phones.（多くの子供たちが携帯電話を使うのはまさに時代の動向だ）という例文が載っています。

The spirit is willing, but the flesh is weak.

「やる気は十分あるが体がついていかない」

人からの頼みを断る時などのおどけた言い方。「マタイ伝」から。

Spare the rod and spoil the child.

「むちを惜しむと子供をだめにする」

「箴言(しんげん)」（Proverbs）から。「子供は甘やかすとだめになる」ということわざになっている。

the rod で「むち打ち」「おしおき」を意味する。「可愛い子には旅をさせよ」に通じる。

You cannot make bricks without straw.

「藁(わら)なしでれんがはできない」

「出エジプト記」から。古い時代には、れんがは泥に

藁をまぜて天日で乾かして作ったようです。藁はれんがを作るのに欠かせない材料だったので、「必要な資金や資材なしでは仕事はできない」といった意味で使われます。

　似たような表現に、

You can't make an omelet without breaking eggs.
「卵を割らなければオムレツはできない」
があります。「目的達成のためには犠牲はつきもの」ということ。

cast the first stone
「真っ先に非難する」「性急な判断を下す」
「ヨハネによる福音書」（Gospel According to St. John）に出てくる
He that is without sin among you, let him first cast a stone at her.
「あなたがたの中で罪のない者が、まずこの女に石を投げるがよい」
に由来します。

　姦淫の罪（不倫な情事、肉体関係）を犯した女性は、石打ちの死刑にされることになっていました。しかし、イエスは「あなたたちの中で罪を犯したことのない者が、まず石を投げなさい」と言いました。すると年長者から始まって1人また1人と立ち去ってしまい、誰も女に石を投げることができませんでした。

すべての人は罪人（つみびと）なのだから、人を裁く権利や資格をもつ者はいない、ということです。「自分のことは棚に上げて人を非難するな」という意味でも使われます。

　また「マタイ伝」にはこう書かれています。

Judge not, that ye be not judged.
「他人を裁くな、自分が裁かれないために」

　他人を裁こうとすると、自分が裁かれることになるという戒めで、みだりに他人を非難したり、軽蔑したりしてはいけないということです。

Cast not pearls before swine.
「真珠を豚に投げ与えてはならない」

「山上の垂訓」（Sermon on the Mount）中の一節で、豚に真珠を与えても意味がない、価値のわからない者に貴重なものを与えても何の役にもたたないことのたとえです。日本の「猫に小判」に相当します。

　シェイクスピアは「ハムレット」の中で、同じような意味でcaviare to the generalというフレーズを使っています。caviar(e)は世界3大珍味の1つの「キャビア」で、generalは「一般大衆」「俗人」のこと。高級すぎて一般受けしないもののたとえでもあります。

身から出たサビ

sow the wind and reap the whirlwind
「風を蒔いて嵐を刈り取る」

旧約聖書の「ホセア書」（Hosea）にあることばで、「軽い気持ちでやったこと」（＝風を蒔く）が「重大な結果」（＝嵐）を生むことの比喩で、「因果応報」「身から出たサビ」「自業自得」などの意味で使われます。

この聖句から転じたことわざに、

You reap what you sow.「自分で蒔いた種は自分で刈らねばならない」があります。

自らの言動に対して自分で責任を負うことのたとえで、**As you sow, so you shall reap.** とも言います。自分がやることはすべて自分に返ってくる、つまり悪いことをすれば悪い結果、いいことをすればいい結果になって返ってくるということです。

in the beginning
「はじめに」

旧約聖書の「創世記」は in the beginning god created the heaven and the earth「初めに神は天と地を創造された」で始まっており、「ヨハネによる福音書」の最初は in the beginning was the word「始めにことばありき」です。

the alpha and omega
「初めと終わり」「全体」

alpha（α）はギリシャアルファベットの最初の字で、omega（Ω）は最後の字であるところから。新約聖書

はギリシャアルファベットで書かれたと言われます。

Ask, and it shall be given you.
「求めよ、さらば与えられん」
「マタイ伝」の中の一節で、「神に祈り求めなさい。そうすれば神は正しい信仰を与えてくださるだろう」の意です。そこから転じて、物事を成就するためには、与えられるのを待つのではなく、みずから進んで求める姿勢が大事だということ。
Seek and ye shall find; knock and it shall be opened unto you.
「尋ねよ、さらば見出さん。叩けよ、さらば開かれん」と続いています。

Jesus saves
「イエスは救いたもう」
これは1960年代から Bible Society が使っているフレーズです。しかし60年代中ごろから、誰かがそのあとに Moses Invests と落書きをして、それが有名になりました。最初はニューヨークの地下鉄やバスに書かれたそうですが、次第に各地に広がったようです。
モーゼ（Moses）は、旧約聖書の「出エジプト記」に描かれるユダヤの指導者で預言者です。エジプトに捕らわれていたユダヤ人を脱出させ、約束の地（Promised Land）へと導いていく途中のシナイ山で、

神より十戒（Ten Commandments）を授かり、律法を制定しました。

saveには「救う」の他に「蓄える」という意味もあるので、Jesus saves, Moses Investsで、「イエスは貯金する。モーゼは投資する」とも解釈できます。これは一種のユダヤジョークで、ユダヤ人は金儲けが上手というステレオタイプ的なイメージにひっかけています。

さらにそれに続けてbut only Buddha pays dividendsなどとするものもあります。「しかし配当を払うのは仏陀だけ」というナンセンスジョークです。

Who was the most popular actor in the bible? Samson. He brought down the house.

「聖書の中で一番人気のある俳優は誰だったか」というなぞなぞです。その答えは、サムソン。

サムソンは旧約聖書に出てくる大力無双の勇士の名前です。ライオンを引き裂き倒したという伝説もあります。サムソンは敵の神殿を支えていた柱を引き倒したと「士師記」にあります。

熟語でbring down the houseというと「〈演劇・演技が〉満場をうならせる」「芝居で満場の喝采を浴びる」という意味です。すなわち「家を倒した」サムソンは名優であったということ。

第6章
シェイクスピア

　ウィリアム・シェイクスピア（William Shakespeare, 1564-1616）は16世紀末から17世紀初めにかけて活躍したイギリスの劇作家・詩人で、悲劇、喜劇、史劇あわせて36編の作品があります。「ハムレット」（*Hamlet*）、「オセロ」（*Othello*）、「マクベス」（*Macbeth*）、「リア王」（*King Lear*）が4大悲劇と呼ばれ、「真夏の夜の夢」（*A Midsummer Night's Dream*）、「ベニスの商人」（*The Merchant of Venice*）、「ウィンザーの陽気な女房たち」（*The Merry Wives of Windsor*）、「から騒ぎ」（*Much Ado about Nothing*）、「お気に召すまま」（*As You Like It*）、「終わりよければすべてよし」（*All's well that ends well*）などが喜劇に分類されています。

　その他にもよく知られているところでは「じゃじゃ馬ならし」（*Taming of the Shrew*）、「十二夜」（*Twelfth Night*）、「ロミオとジュリエット」（*Romeo and Juliet*）、「リチャード三世」（*King Richard III*）などがあります。またShakespeare's Sonnets（ソネット集）は今日でも最高の詩編の一つとされています。

　しかし欧米では、実際の作者は別にいたのではとい

う「別人説」が古くから唱えられてきました。哲学者のフランシス・ベーコン（Francis Bacon, 1561-1626）などが真の作者の候補として挙げられていますが、真相はわかっていません。いずれにしてもシェイクスピアは謎多き足跡を残し、論争は今日まで続いています。

シェイクスピアという人物が生まれたのは1564年4月23日、Stratford-upon-Avon においてとされていますが、確証はありません。ただ亡くなったのは1616年の4月23日というのは確かなようです。2010年に国連は4月23日を English Language Day と制定しました。

シェイクスピアの英語は、Early Modern English（初期近代英語）と呼ばれ、現代の英語とは語法も文法も少し違っていますが、その膨大な著作は、当時の英語の実態を知るうえでの貴重な資料ともなっています。

16世紀当時、オックスフォード大学やケンブリッジ大学の卒業生の通常の語彙は2000から3000語と言われていましたが、シェイクスピアは2万9000語の語彙を駆使してこうした膨大な数の著作を残しています。

シェイクスピアはまた新しい単語をたくさん作り出し英語に多大な影響を与えました。その数は数千に及ぶと言われます。そのすべてが純粋な「新語」ではないにしろ、動詞を名詞にしたり、名詞から動詞を作ったり、外国語の単語から新しい単語を作ったりと、さ

まざまな語を作り出しました。

シェイクスピアが作った語句

たとえばシェイクスピアが作ったとされる成句の **out-Herod Herod**（「ハムレット」）は「（残虐な）ヘロデ王よりもっと酷い［ヘロデ的な］」という意味で使われます。このように接頭辞の out- を固有名詞につけて、「（残忍さ・放縦さ・正当性などで）…をしのぐ、…より甚だしい、以上である」という意味で使われるものもあります。

シェイクスピアが作ったとされる単語の例としては、cold-blooded（残忍な）、downstairs（階下）、dwindle（減少する）、eyeball（目玉）、eyesore（見苦しいもの）、inaudible（聞き取れない）、laughing stock（笑いもの）、majestic（堂々とした）、obscene（卑猥な）、radiance（輝き）、soft-hearted（心優しい）、tongue-tied（口ごもった）などがあります。

また、フレーズとしては、flesh and blood（生身の人間）、foregone conclusion（初めからわかりきっている結果）、foul play（反則行為）、good riddance（厄介払い）、for goodness' sake!（何かに対してのイライラや怒りの表現）、it is high time（もういい加減に…すべき時）、lie low（時期を待つ）、neither here nor there（重要でない）、too much of a good thing（あり

がた迷惑な）、vanish into thin air（跡形もなく消える）、Mum's the word!（内緒だから誰にも言わないで）などがあります。

シェイクスピアが書いた演劇のタイトルそのものが成句として、現代でも使われています。たとえば、**as you like it**（お気に召すまま）、**much ado about nothing**（から騒ぎ）、**all's well that ends well**（終わりよければすべてよし）のように。

その他、**Love is blind.**（恋は盲目なり）や**All that glitters is not gold.**（輝くもの必ずしも金ならず、共に「ベニスの商人」）、**Brevity is the soul of wit.**（簡潔さは機知の神髄、「ハムレット」）、**All the world's a stage**（この世はすべて舞台だ、「お気に召すまま」）などのようにシェイクスピア没後400年以上経過した今でもイディオムやことわざとして使われているものもあります。

シェイクスピアは「ベニスの商人」の中で、The devil can cite Scripture for his purpose.（悪魔は己の目的のためには聖書でも引用する）と書いていて、ここで言う「悪魔」とは高利貸のShylockのことです。**give the devil his due**（「ヘンリー五世」）悪い［嫌な］人にも良いところは認めてやる。

シェイクスピアのことばは非常に鋭く人間の本質をとらえています。

Neither a borrower nor a lender be;

For loan oft loses both itself and friend,

And borrowing dulls the edge of husbandry.
（「ハムレット」）

金は借りてもいかんが貸してもいかん。
貸せば金はもとより友人まで失うことになり、
借りれば倹約する心が鈍るというものだ。

Frailty, thy name is woman.（「ハムレット」）

「弱きもの、汝（なんじ）の名は女なり」

これはハムレットが母親に対して言う台詞です。

Fair is foul, foul is fair.（「マクベス」）

「きれいは汚い、汚いはきれい」

「善は悪、悪は善なり」

「マクベス」の冒頭にある魔女たちの台詞です。マクベスの人生における栄華と凋落を暗示させる言葉と解釈されています。fair と foul は頭韻を踏んだ対義語です。

without further ado

「余計なことはこれくらいにして、さっさと」ということで、「あれこれ言わずに迅速に」といった意味の前置きです。*Much Ado About Nothing* は「から騒ぎ」で、シェイクスピア作の喜劇のタイトルですが、そこから生まれたフレーズとされています。

bearer of bad news

　悪い知らせを伝える人。

　「アントニーとクレオパトラ」と「ヘンリー四世」の中に shoot the messenger（メッセンジャーを撃つ）というフレーズが出てきます。現代では **Don't shoot the messenger (who brings bad news).** とも使いますが、これは「悪い知らせなどを伝達した人を責めてはいけない」「責任がない人を非難するな」「報告しただけの人を攻撃するのはお門違いだ」という意味です。

What's in a name? That which we call a rose by any other name would smell as sweet.（「ロミオとジュリエット」）

　「名前が何だというの。私たちがバラと呼ぶものは、別のどんな名前を付けても、同じ甘い香りがするのに」

　どのような名前で呼ぼうともバラはバラで甘い香りがする、ということです。

　A Grandma or Grandpa or by Any Other Name Is Just as Old と記事が付けられた見出しがありましたが、「祖父」「祖母」を grandpa, granddaddy や grandma, granny と呼ぼうが、ユダヤ系のアメリカ人がよく使うイディッシュ語の zayde, bubbe を使おうが、「じじ」でも「ばば」でも同じように高齢者は高齢者、ということです。

　簡略にして、**A rose by any other name would**

smell as sweet.（バラと呼んでいる花を別の名前にし
てみても、美しい香りはそのまま）とも使います。

シェイクスピアの語法

「ロミオとジュリエット」の中に出てくる有名な台詞
の **Parting is such sweet sorrow.**「別れとは、かくも
甘美な悲しみかな」に使われている sweet sorrow は
oxymoron（撞着語法、矛盾語法）の例として有名で
す。つまり「喜び」と「悲しみ」のように意味が矛盾
する２つの語句を並べて、表現に効果を与える修辞法
のことです。

　他にはたとえば bittersweet（ほろ苦い）、open
secret（公然の秘密）、make haste slowly（急がば回
れ）、living death（生き地獄）、jumbo shrimp（ジャ
ンボサイズの小エビ）などがあります。

『シェイクスピアの名せりふ　英米人の教養』（ジャ
パンタイムズ）には数多くのシェイクスピアの有名な
台詞が収録されていますが、「語法」という見地から見
ておもしろいのは、「ジュリアス・シーザー」に出てく
る **the most unkindest cut of all**（最も無惨非道の一
撃）です。most unkindest と最上級を繰り返すのは、
日本人がよく犯す間違いの一つとされていますが、こ
の本の解説によれば、シェイクスピアの時代には文法
上の間違いとはされていなかったのだそうです。

the truth will out は「真実はいずれ明らかになる」
という意味で、「ベニスの商人」の中に出てくることば
ですが、これも現代の英語から見ると、動詞がありま
せんから非文法的です。現代的には the truth will
come out となるのでしょうが、out はこの時代には
「発覚する」「公になる」という意味の自動詞として使
われていました。

　「かいつまんで言えば、結局」は **the long and the
short and of it** ですが、シェイクスピアの時代には **the
short and the long of it** という形も使われていたそう
です。

It's（all）Greek to me.

　それは私にとってギリシャ語だ。私にはまったく理
解できない。（「ジュリアス・シーザー」）

　専門用語や外国語など、理解するのが難しいものに
対して使うフレーズで、日本語の「珍紛漢紛」に相当
します。漢字はすべて当て字で、外国人のことばの口
真似から、何を言っているかわからないことや、そ
れを話す人やそのさまを表すものです。

　同様な言い方は各国語にあるようで、たとえばイタ
リア人は「それは私にとってアラビア語だ」、デンマー
ク人は「ロシア語のようだ」と言うそうです。

サラダの色はグリーン

salad daysは「無経験な青二才時代、駆け出しのころ」という意味です。

日本語ではよく「未熟であること」を「青い」「青二才」などと表現しますが、英語のgreenにも、「未熟な、経験が浅い」という意味があります。たとえば、as green as grassは「(人が) 未熟な」、greenhornは「初心者」「新米」のこと。

salad days も似たような意味合いを持っています。サラダの色はgreenなので、「若くて経験が浅い頃」を表すようになったのだそうです。 またgreen in judgmentとは「判断力に欠ける」ということです。「アントニーとクレオパトラ」の中に出てくるフレーズです。

Words without thoughts never to heaven go. (「ハムレット」)
「思いの込められていないことばは、決して天に届かない」

The better part of valor is discretion. (「ヘンリー四世」)
「慎重さは勇気の大半である」
ことわざとして「用心は勇気の大半を占める」とい

う意味で使われます。「君子危うきに近寄らず」にも近い用法です。

The world is my oyster.（「ウインザーの陽気な女房たち」）
「世界は自分の意のままだ」「私の可能性は無限大」
　誰にでもチャンスは与えられていて、自分のやる気や努力次第でつかむことができる、ということです。
　主人公フォルスタッフ（Falstaff）の手下であるピストル（Pistol）が、主人公にお金を貸すよう迫るものの、断られた時の台詞です。
Why then the world's mine oyster,
Which I with sword will open.
「世界は私の牡蠣のようなものだ。
　開かないなら剣でこじ開けてやる」
　相手が断ったとしても、自分の思いのままにできるという意味で使われています。
　作中の台詞はmineですが、現代の英語ではmyが使われます。「世界はもう自分のものだ」と誇らしげに言う時に用います。

Better three hours too soon than a minute too late.
（「ウインザーの陽気な女房たち」）
「1分遅れるより、3時間早すぎるほうがいい」
「ぐずぐずすること」はprocrastinationで、

Procrastination is the thief of time.「ぐずぐずする
のは時間泥棒」などと言います。

Suit the action to the word, the word to the action.
(「ハムレット」)
「行動をことばに合わせ、ことばを行動に合わせるこ
と」

green with envy [jealousy]
　この表現は、「ひどくうらやましがって」「ねたんで」
という意味で、昔から嫉妬やねたみを感じると顔の色
が青白くなると言われるところからきています。green-
eyed monster は「オセロ」から、「嫉妬」「やきもち」
の意です。

There is a history in all men's lives.(「ヘンリー四
世」)
「すべての人の人生に歴史がある」

**Where words are scarce, they are seldom spent in
vain.**(「リチャード二世」)
「ことばが少なければ、それが無駄に費やされること
はめったにない」

Cowards die many times before their deaths; the valiant never taste of death but once. (「ジュリアス・シーザー」)

「臆病者は死ぬまでに何度も死ぬ思いをするが、勇敢な者が死を味わうのは一度だけだ」

Love all, trust a few, do wrong to none. (「終わりよければすべてよし」)

「すべての人を愛し、少しの人を信頼しろ、だれにも悪いことをするな」

No legacy is so rich as honesty. (「終わりよければすべてよし」)

「正直さほど価値ある遺産はない」

All the world's a stage, and all the men and women merely players. (「お気に召すまま」)

「この世はすべて舞台だ。男も女もただその役者にすぎない」

　私たちはつねに会社でも家庭でも役割を担い、その役を果たすべく「演技」しているということです。

Be not afraid of greatness: some are born great, some achieve greatness, and some have greatness thrust upon them. (「十二夜」)

「偉大さを恐れてはいけない。生まれながらにして偉大な者もいれば、努力して偉大になる者もいる、そして偉大さを押し付けられる者もいる」

ふざけて、and some hire public relations officers などと付け加えることもあります。「またある者はPR担当者を雇う」ということで、「偉大になれなかった者は自分のPRのために担当者を雇う」ということです。

経験が生んだ知恵

ことわざとは、「長い経験に基づいた短い文」と言われます。世界のことわざにはその国独特のものもありますが、同じ概念が世界中でほぼ同時に発生したと思われるものもたくさんあります。古代からあるものだけでなく、比較的新しい時代のものや、海外で知られている日本発のことわざなども。また、ローマ時代からある古い迷信では、右は「善」、左は「悪」とされてきました。

第7章
ことわざ

　ことわざとは、一般的に使われてきた簡にして要を得た表現で、「長い経験に基づいた短い文」（a short sentence based on long experience）とも言われます。その多くは教訓や風刺などを含んだ短くて語呂のいい短句です。

　常識や普遍の真実などを巧みに表したものもあり、気の利いた表現として会話を面白くし、その場を和ませる効果もあります。

　現代に伝わる英語のことわざを学ぶことは、先人の知恵を味わえ、英語そのものの深い理解に到達することもできるのです。英語を話す際にこうしたことわざなどを適切に使えば、会話全体が輝きを増す効果が生まれ、教養の幅を相手に印象づけることができるかもしれません。

　イギリスの宗教家で数々の名言を残しているウィリアム・ペン（William Penn, 1644-1718）は、The wisdom of nations lies in their proverbs, which are brief and pithy. Collect and learn them. 「国家の英知は、短く簡潔なことわざの中にある。ことわざを集めて覚えよ」と言っています。

日本のことわざの多くは江戸時代に庶民の中から生まれたと言われますが、短歌や川柳、さらにはなぞなぞや『論語』からの引用などもあります。

　一方、西洋のことわざはギリシャ神話、イソップ寓話、それに聖句やシェイクスピアの戯曲の台詞など多岐の分野のことばを含んでいます。

　しかし出典不明のものも多く、ことわざと慣用句・引用句などの区別も明確にはなっていません。

世界中で同じようなことわざが

　世界のことわざにはその国独特のものもありますが、同じ概念が世界中でほぼ同時に発生したと思われるものもたくさんあります。たとえば「一石二鳥」は、**Kill two birds with one stone.** ですが、中国語から直訳され英語に入ったとしている書籍もあれば、イギリスのことわざとして紹介しているものや、ギリシャ神話に由来するという説などがあります。

「二兎を追う者は一兎をも得ず」は日本のことわざだと思っていましたが、これは英語のことわざの **If you run after two hares, you will catch neither.** の翻訳だそうです。

「光陰矢の如し」は **Time flies（like an arrow）.** と言いますが、これはラテン語の Tempus fugit. から英語に入ったという説と、「光陰如矢」という中国・唐

の時代のことばとする説などがあるようです。

　また東洋と西洋で似たような概念を違った発想で表しているものも数多くあります。例えば、「三人寄れば文殊の知恵」は、英語のことわざでは Two heads are better than one. 「2つの頭は1つよりいい」となり、「日光を見ずに結構と言うなかれ」は西洋では See Naples and die. 「ナポリを見てから死ね」となります。

「鶏口となるも牛後となるなかれ」に似たような表現としては、Better be the head of a dog than the tail of a lion. 「犬の頭となるとも獅子のしっぽとなるなかれ」がありますが、Better a big fish in a little pond than a little fish in a big pond. 「大きな池の小さな魚でいるより、小さな池の大きな魚であれ」などとも言います。あるいは Better to reign in hell than serve in heaven. 「地獄で君臨するほうが、天国で主人に仕えるよりまし」などもあります。

「蛙の子は蛙」は「子は父・母に似る」という意味で Like father, like son. / Like mother, like daughter. などと言います。Boys will be boys. 「男の子はいつまでも男の子である」「男は成人になってさえも、心の底では少年の気持を持ち続ける」「三つ子の魂百まで」。The apples don't fall far from the tree. 「リンゴは木から離れたところへは落ちない」。

　A leopard cannot change its spots. 「ヒョウは自分で斑点を変えることはできない」「性格はなかなか変

わらない」ということ。一般的に悪いクセや短所について言われます。

「虎穴に入らずんば虎子を得ず」は、**Nothing ventured, nothing gained.**「危険を冒さなければ高い目標を達成することはできない」、**No pain, no gain.**「痛みを経験しなければ、何も得られない」、**You can't make an omelet without breaking eggs.**「卵を割らなければオムレツはできない」などが相当します。

You never know what you've got till it's gone.「失って初めて知る、その存在のありがたさ」という意味で、日本のことわざの「孝行をしたい時分に親はなし」「いつまでもあると思うな親と金」にも通じます。

しかしその反面、「親はなくとも子は育つ」など、同じ概念を英語のことわざの中に見出すのが困難なものもあります。

同様な例に「親に似ぬ子は鬼子」があります。「親に似ていない子供」は、人ではなく鬼の子である、だから親の思いどおりにはならない、との意を込めて言うことがあるようですが、どうもあまり現代にはマッチしないようです。ちなみに、「鬼子」は中国語では「グイズー」と発音し、日本人をバカにしたりする時に用いることばです。

Even Homer sometimes nods.は、「名人も居眠りすることはある」から「弘法も筆の誤り」「猿も木から

落ちる」に相当することわざです。Homer とは『イリアス』(*Iliad*) と『オデュッセイア』(*Odyssey*) の作者で古代ギリシャの詩人ホメロス (Homerus) のこと。

ホメロスのような偉大な詩人でも、たまには居眠りする (居眠りでもしたような凡作をつくる)、ということ。

古くからあることわざ

イギリスの天気については、Wind in March、Rain in April「風の3月、雨降る4月」などと言われますが、それに関連してよく知られていることわざに **April showers bring May flowers.**「4月の雨が5月の花をもたらす」があります。これは季節の表現だけでなく、日本のことわざの「雨降って地固まる」に通じるものがあり、「嫌なことがあっても、その先にはいいことがある」という意味合いでも使います。

Rome wasn't built in a day.
「ローマは一日にして成らず」
「努力と忍耐なしに成功はない」「大事業は短期間では達成できない」ということ。忍耐の重要性を説いていますが、時として、仕事が遅れたことへの言い訳として使われることもあります。

A watched pot never boils.

「鍋は見ていても煮立たない」ということで、鍋に水を入れて火にかけても、じっと見ているとなかなか沸騰しないように思えるということを言ったものです。そこから、ことわざとして「（期待して）待っていることはなかなか実現しない」「焦りは禁物」という忠告として使ったりします。

The hand that rocks the cradle rules the world.

「揺りかごを揺らす手が世界を支配する」は、「次世代を担う若者を育てるのは母である」「子供を育てる母親の影響力はとても大きい」ということです。

cradleは「揺りかご」のことですが、「誕生」「社会保障」などの象徴でもあります。from the cradle to the graveと言えば、「揺りかごから墓場まで」「誕生してから死ぬまで」（from birth to death）という意味。

Sticks and stones may break my bones, but words will never hurt me.

「棒や石は私の骨を折るかもしれないが、ことばは決して私を傷つけない」

他の人に嫌なことばを投げつけられても、いちいち気にすることはない、傷つく必要はない、という意味のことわざ。罵倒されたり悪口を言われたりして落ち込んでいる人を慰める時などに、しばしば使うもの。

ことばのいじめに対して、反撃したりせずに落ち着いて反応するよう諭すものです。

It's the last straw that breaks the camel's back.
「らくだの背を砕くのは、わらの最後の1本である」
　これは「たとえわら1本のような軽いものでも、ぎりぎりの限界まで荷を積んだらくだに加えると、その背骨は折れてしまう」の意です。
　That's the last straw. と言えば、「(今度ばかりは)勘弁できない」といった意味になります。

You can catch more flies with honey than with vinegar.
「酢よりもはちみつを使うほうが、よりたくさんのハエを捕まえることができる」ということですが、「人を動かす場合には、厳しいことばよりも柔らかい態度のほうが効果がある」という意味です。時には褒めておだててその気にさせることも大切なのではないでしょうか。

If the mountain will not come to Mohammed, Mohammed must go to the mountain.
「山がモハメッドのところに来なければ、モハメッドが山のところに行かねばならない」。つまりチャンスは向こうからやっては来ない、何事においても積極的に

アクションを起こすことは大切だということ。

A hungry man is an angry man.
「空腹な人は機嫌が悪い」「空腹な人間は怒りっぽい」ということ。

　hungry と angry の複合語で hangry という現代の造語があります。bad-tempered or irritable as a result of hunger（空腹により不機嫌な、あるいは怒りっぽい）ということです。

A trouble shared is a trouble halved.
「分かち合えば苦労も半分」。現代は oversharing の時代のようです。周囲の人たちの反応もあまり考えずに TMI（too much information）をシェアするのも考えものです。

海外で知られている日本発のことわざ

　日本のことわざとして外国でもよく知られているのは、「出る杭は打たれる」で **The nail that sticks out gets hammered down.** と訳されます。「他人より優れているものは、憎まれたり嫌がらせをされる」とか「しゃしゃり出るような振る舞いをするものは、周りから非難され攻撃される」ということで、積極性を否定し、横並びを奨励する日本的な発想とされることもあ

ります。

英語のことわざとしては、正反対の The squeaky wheel gets the grease. があります。「きしみ音を立てる車輪は潤滑油を塗ってもらえる」、つまり「声高に文句を言えば、聞いてもらえる、注意を引ける」ことのたとえです。

「七転び八起き」は Fall seven times, stand up eight. と言います。これに似たような西洋のことわざとしては、If at first you don't succeed, try, try, try again. がありますが、後半は cry and cry again などともじることもあります。

「見ざる聞かざる言わざる」は See no evil, hear no evil, speak no evil. で、日光東照宮にある「三猿」の彫り物が有名です。海外では、Three Wise Monkeys などと呼ばれています。

健康に関するもの

健康に関してのことわざとしては、
Early to bed, early to rise,
Makes a man healthy, wealthy and wise.
が有名です。これはベンジャミン・フランクリン（Benjamin Franklin, 1706-90）のことばとしてもよく知られ

ています。

The early bird gets [catches] the worm.
「早起き鳥は虫を捕える」から「早起きの鳥が虫にありつく」という意味です。日本のことわざの「早起きは三文の徳［得］」に通じます。early bird は「早起きの人」の意味もあり、早朝開店のレストランや駐車場などにある Early-Bird Special というサインは「早朝特別割引料金」のことです。

An apple a day keeps the doctor away.
「1日1個のリンゴを食べれば、医者はいらない」で、りんごはとても体によいということです。... but an onion a day keeps everybody away. などと冗談で言うことがあります。「でも、1日1個タマネギを食べれば、（臭いので）すべての人を遠ざける」というおふざけです。

An ounce of prevention is worth a pound of cure.
「1オンスの予防は1ポンドの治療に値する」ということで、「百の治療より一の予防」ということ。an ounce は比喩で、「少量」を意味します。
　日本でも、戦後に尺貫法がメートル法に切り替わった時、「一寸の虫にも五分の魂」を、「3.03センチの虫にも1.515センチの魂」と言い換えるジョークがありま

したが、これも同じように「ポンド」と「オンス」を「グラム」に置き換えて Twenty-eight grams of prevention is worth 453 grams of cure. とするものもあります。

Prevention is better than cure.
「治療よりも予防」ともいい、「転ばぬ先の杖」に通じることわざです。

Feed a cold and starve a fever.
「風邪には大食、熱には小食」ということで、「風邪にかかったときはたくさん食べて体力をつけ、熱があるときは小食にして熱を下げよ」ということ。

韻を踏む

　天気に関することわざの中の脚韻の例としては、**Rain before seven, fine before eleven.** などがあります。日本のことわざでは「朝雨に傘いらず」に相当するでしょう。

A man of words and not of deeds is like a garden full of weeds.
「ことばだけで行為の伴わない者は、雑草に覆われた庭のようなもの」では deeds と weeds が韻を踏んでい

ます。

A friend in need is a friend indeed.
「まさかの友は真の友」

One of these days is none of these days.
「いずれそのうちという日はない」ですが、「いつか」
しようと思っているだけで具体的なアクションを起こ
さなければ、決して物事は実現しない、という意味で
す。

Some are wise; others are otherwise.
「賢い人もいるし、そうでない人もいる」。otherwise
は「そうでなく」という意味の副詞。
　アメリカで小学生が教わる rhyme（押韻詩）に次の
ようなものがあります。

　Good, better, best.
　Never let it rest.
　Until your good is better.
　And your better best.
「Good, better, best — good が better になるまで、そ
して better が best になるまで決して歩みを止めてはい
けない」

頭韻の例

　頭韻を踏んだことわざもいろいろあります。例えば、**Forewarned is forearmed.**「事前の警告があれば前もって準備ができる」「警告は防備」「転ばぬ先の杖」ということ。単に、**Forewarned, forearmed.** ということもあります。日本のことわざの「備えあれば憂（うれ）いなし」にも通じます。

Practice makes perfect.
「練習を続ければとても上手になる」「習うより慣れよ」ですが、励ましのことばとして使うことも多いようです。

Curiosity killed the cat.
「好奇心がネコを殺した」は「心配は身の毒」を意味する **Care killed the cat.** という慣用句がもとになっているようですが、careに代わってcuriosityも使われるようになったようです。いずれもkの音が頭韻として使われ響きがよくなっています。
「ネコ」が出てくることわざには、**A cat has nine lives.** があります。「ネコは9つの命を持つ」ということですが、高い所から何度落ちても死なないので、古代エジプトではネコは魔性を持っていると見なされ、神として崇拝されていたそうです。しかし、そんなネ

コでも「心配」には勝てないというところから、こうした言い回しができたとのこと。

そうしたところから転じて、「あなたには関係のないことだ」(It's best to mind your own business.)、「自分に関係のないことを人にいろいろ聞きすぎないように」(Do not ask too many questions about something.) と、他人への干渉を戒めるために使われることもあります。

ほかの人の個人的なことを詮索しすぎるような過剰な好奇心は、マナー違反と受け取られてしまいます。しかしもともと、好奇心自体はいいことです。

私は知人などから、アメリカの大学への推薦状を書くことをよく依頼されます。大学当局が作成したapplication formの中には、「この志願者には知的好奇心（intellectual curiosity）がどの程度ありますか」という項目が入っているところが多いようです。

どんなに成績優秀な志願者でも「この学生は知的好奇心がゼロです」と書けば、それだけで入学は不許可になる可能性があると思います。それだけ大学は知的好奇心を重視するのです。

すべての学びの根底に好奇心があると言われますから、好奇心のない学生は大学生活から得るものも少ないでしょうし、卒業後の人生における成果にも疑問符がつきます。

いろいろなことに好奇心を持って飛び込んでいき、

引き出しを増やすことが大事です。自分の専門分野以外の本を読んだり、興味のある人の講演会に行ったり、新しい趣味を始めたりして、経験の幅を広げるのもいいでしょう。

人間の最良の友

A dog is a man's best friend.
「犬は人間の最良の友」などと言われますが、ことわざの中にも犬は頻繁に登場します。

Love me, love my dog.
「私を慕うなら私の犬も慕え」ということで、日本のことわざの「坊主憎けりゃ袈裟まで憎い」と裏腹のようです。

Let sleeping dogs lie.
「眠っている犬はそのままにしておけ」ということで、「さわらぬ神にたたりなし」の意です。

Every dog has his day.
「誰にでも得意な時代はある」「誰でも悪い事ばかりではない」ということ。どんな人にも運がいい日もあれば、悪い日もあるということです。
「運不運」については、**Sometimes you're the dog**

and sometimes you're the fireplug [hydrant]. とい
ったことわざもあります。「人間、時には犬であり、と
きには（犬におしっこを引っ掛けられる）消火栓であ
る」。

You can't teach an old dog new tricks.
「老犬には新しい芸は教え込めない」は、人は歳をと
ると、それまでのやり方や考え方を変えることが難し
くなり、新しいことを学ばなくなるという意味です。
その反対は、**It's never too late to learn.**「学ぶのに
遅すぎることは決してない」「八十の手習い」です。
It's never too late to mend.「改めるのに遅すぎるこ
とは決してない」は、『論語』にある「過ちては改むる
に憚ること勿れ」と同じような意味。

Barking dogs seldom bite.
「吠える犬はかみつかない」
　弱い犬ほどよく吠えるところから、怒鳴ったり、や
たらに自慢する人間は、言うことをめったに実行に移
さない。したがって真剣に受け取る必要はないという
意味で用いられます。
　獰猛そうな犬がさかんに吠えている前で、所在なげ
にたちすくむ男の漫画があります。キャプションに、I
know the proverb but does the dog know the
proverb? とありました。「吠える犬はかみつかないと

いうことわざは知っているけれど、この犬はそのことわざを知っているだろうか。本当だろうか」ということです。

異常でセンセーショナルな話ほどマスコミの関心を得るという意味でよく使われるのは、**When a dog bites a man, that is not news; but when a man bites a dog, that is news.**「犬が人間をかめばニュースではないが、人間が犬をかめばニュースだ」です。

食うか食われるか

Dog does not eat dog. はことわざで「犬は共食いをしない」「同族［骨肉］相食まず」ということ。**dog-eat-dog** は「そんな犬でも食うか食われるかの壮絶な」「徳義［自制心］のない」という意味の形容詞、名詞としては「情け容赦のない競争」のことです。

go to the dogs

口語で「悪くなる」「だめになる」ということ。**lead a dog's life** は「みじめな暮らしをする」、**(as) sick as a dog** は「ひどく気分が悪い」「意気消沈して」という意味です。

doggy bag

「ドギーバッグ」「食べ切れなかった料理を持ち帰る

ための箱や袋」

「飼い犬に食べさせるため」という遠回しな表現で、レストランやパーティーの客が食べ残しを持ち帰ることから、そのための持ち帰り用の箱［袋］をアメリカではこう呼びます。暑い季節や食材によっては、食中毒などへの配慮からドギーバッグを断るレストランもありますし、高級レストランでは普通あまりやってくれません。

doghouse
「犬小屋」

イギリス英語ではこの意味でkennelを使います。**be in the doghouse（with someone）**というイディオムは、直訳すれば「（…との関係で）犬小屋に入っている」ですが、これは口語のイディオムで、「犬小屋に入っている」というところから、「（人に対して）面目を失って」「（人の）機嫌を損ねて」といった、関係がまずくなっていることを意味します。I'm in the doghouse with my boss. I lost an important client due to my mistake.（上司との関係がまずくなっている。私の間違いのために重要な顧客を失ってしまったから）のように使います。

ちなみにcathouseは売春宿（brothel）のことです。

女の居場所

A woman's work is never done.
「女性の仕事には終わりがない」ということわざがありますが、これは、
Man may work from sun to sun
But woman's work is never done.
「男の仕事は日の出から日の入りまで、
でも女の仕事に終わりなし」
というcouplet（二行連句）に由来します。女の家事や育児には終わりがなく、いつも忙しい、という意味です。

　あまりにも差別的で現代ではほとんど目にすることのないことわざに A man is as old as he feels but a woman is as old as she looks. があります。「男の歳はその人の気の持ち方、女の歳は見た目」ということですが、今では完全にタブーです。

　似たようなことわざに A woman's place is in the house [kitchen]. というのがあります。これはヨーロッパ諸国にも同じようなことわざが存在し、そこからアメリカに入ってきたと思われるものですが、「女の居場所は家［台所］の中」ということです。これも差別的なことわざの1つとされ、現代では封印されています。

　ところが1970年代に女性の社会進出が盛んになると

Tシャツの文句などに **A woman's place is in the House ... and the Senate** などと書かれたものが登場してきたのです。「女の居場所は下院であり上院である」ということ (the House は the House of Representatives のこと)。

<h2 align="center">金、金、金</h2>

You can't take it with you
「お金はあの世へ持っていけない」
　死んでしまったら、あの世までお金や富を持っていけないから、お金や財産をため込まずに、生きている間に楽しんだほうがいいという考え方です。

Money can't buy everything.
「お金ですべて［なにもかも］が買える［手に入る］わけではない」
　Money can't buy happiness. などとも言います。「お金で（品物を買うことはできても）幸せは買えない」ということ。happiness を friends や love に入れ替えて言うこともあります。

Money talks.
「金がものを言う」で、「お金には影響力がある」ことを意味することわざです。あとに続けて But all it

says is good-bye. 「ただ言うのはグッバイだけ」など
と冗談で言うことがあります。

Money burns a hole in one's pocket.
「お金がポケットに穴をあける」ということだが、こ
とわざで「お金というものはあればすぐに使いたくな
ってしまうもの、どんどん出ていくものだ」という意
味です。

A penny saved is a penny earned.
「一銭の節約は一銭のもうけ」です。しかし **Penny
wise and pound foolish.**「小銭に気を遣って大金を
失う」「一文惜しみの百失い」という古いことわざもあ
ります。Penny wise. あるいは Pound foolish. だけで使
うこともあります。「（支出の中で）小項目は節約し、
大項目は贅沢する」ということ。pinch pennies は「け
ちけちする」「出し惜しみする」という意味。

Money doesn't grow on trees.
「お金のなる木はない」「お金はたやすく手に入らな
い」ということ。むだ遣いを戒めることばでもありま
す。If money doesn't grow on trees, then why do
banks have branches? などとふざけることもあります。
branch には「木の枝」と「支店」の両方の意味があ
ります。

Charity begins at home.

「愛はまず身内から」

「他人よりも家族や友人のほうが大事」という意味。
寄付をしない時の言い訳としても使う。

違った意味の用法

「人を見たら泥棒と思え」に対して「渡る世間に鬼は
なし」などと、多くのことわざには、正反対の意味の
ものがありますが、英語でも同様です。ただ否定の意
味のnotを使った正反対のことわざというのはそう多
くはありません。

　Clothes make the man. は「人は身なりで判断され
る」「誰でも外面を飾れば立派に見える」という意味
で、日本のことわざの「馬子にも衣装（髪かたち）」に
も通じています。

　それに対して、**Clothes don't make the man.** とも
言います。「服で人格や人柄は変わらない」「身にまと
っている衣服で人を判断してはいけない」という意味
です。

　でも、やはり現実問題として、人の印象は外見や身
なりに大きく影響を受けます。男性も女性も加齢とと
もに肉体的な面、容姿の面ではどうしても衰えてきま
すから、ある程度の年齢になったら、自分自身に投資
をして、身なりに気を遣わないと、貧弱に見えてしま

うのです。

　服装は、相手に与える印象だけではなく、自分自身の心理にも影響を与えます。セミナー講師をしている私の友人は、セミナーの時だけ、イタリア製の15万円の靴を履くそうです。そうすることで自尊心を鼓舞し、自分に自信を持たせられるのだと話してくれました。

Better red than dead.

　冷戦（Cold War）の最中に使われたフレーズで「死ぬより共産主義者になったほうがまし」ということですが、その反対の Better dead than red. も使われました。

　英語でも、時代とともに意味が違ってきた例はいろいろあります。よく知られているのは、A rolling stone gathers no moss. 「転がる石に苔つかず」ということで、もともとイギリスでは「常に職業や住まいを転々とする人は成功できない」といった意味で使われていました。ところがそれがアメリカに渡ると、「1か所にとどまっていると、輝きが失われてしまうので、常に変化を求め続けなければならない」と、転職を促すような意味で使われるようになりました。

もじり

　ことわざをもじったり、短くしたり、語句を付け加えたものがユーモアの世界にはたくさん存在します。いわゆる twisted proverb とか anti-proverb と呼ばれるものです。でも、もとのことわざを知らなければおもしろくもなんともないかもしれません。

　たとえば、**Don't put off until tomorrow what you can do today.**「今日できることを明日に延ばすな」ですが、これには次のようないろいろなパロディがあります。Don't put off until tomorrow what you can avoid altogether.「やらなくて済むことを明日まで延ばすな」、Good executive is one who never puts off until tomorrow what he can get someone else to do today.「優秀なエグゼクティブとは、今日誰か他人にやらせられることを明日まで持ち越さない人」など。

Time is the great healer.
「時は偉大な癒やし手」で、時がたてば悲しみが薄らぐ、という意味です。but it's also a lousy beautician. などと続けることがあります。癒やし手としてはよくとも、時とともに人間の容姿は衰えるので、美容師としては最低ということです。

Nothing is impossible to a willing heart [mind].

「意欲的な心を持つ人に不可能なことはない」をもじって、Nothing's impossible for those who don't have to do it.「（人にやらせておいて）自分たちでやらなくてすむ人間にとって、不可能なことはない」となります。

People who live in glass houses shouldn't throw stones.

「ガラスの家に住む者は、石を投げてはいけない」

人に石を投げれば人からも石を投げられる危険を負うことになる、したがって「弱みを持つ者は（自分のことを棚に上げて）人に文句を言ってはいけない［人を批判してはいけない］」という意味のことわざです。

throw［cast］a stone at（…に石を投げる）はイディオムで「（人）を非難する」という意味になります。また、live in a glass house は「弱みを持つ」の比喩的表現としても使われます。

「ガラスの家に住む者」を文字どおりにとって、People who live in glass houses should change clothes in the basement.

「ガラスの家に住む者は、地下室で着替えなければならない」（外から丸見えなので）などとふざけることがあります。

価値観の違い

One man's trash is another man's treasure.
「ある人にとってのごみは、別の人にとっては宝」ということわざで、一人の人にとってはまったく価値のないものが、別の人には宝物のように思えるということ。**One man's meat is another man's poison.**「甲の薬は乙の毒」「ある人にとっての肉［食べ物］がほかの人にとっては毒となる」とも言います。

　価値観の違いを述べた日本のことわざの「蓼食う虫も好き好き」「十人十色」「捨てる神あれば拾う神あり」に相当します。

　One man's loss is another man's gain. は、「ある人の損失は別の人の利益」ということで、「誰かが損をすれば、その恩恵にあずかって得をする者がいる」という意味。そこから、転職の際などによく使われるフレーズに **Our loss is their gain.**「こちらの損は相手の得」で、「当社にとってはあなたを失うことは損失だが、次の雇用主にとってはいい人材を得たことになる」という意味です。

One man's fault is another's lesson.
「ある人の欠点は他の人にとっては教訓」ということ。日本語の「人のふり見て我がふり直せ」に通じます。

You can't judge a book by its cover.

「表紙で書物の中身を判断することはできない」ということ。「外観だけでは人やものの中身の判断はできない」「人は見かけによらぬもの」という意味で使われます。

Talk the talk and walk the walk.

「口先だけでなくきちんと実行する」「言うべきことを言い、やるべきことをやる」

あるいは **Talk the walk and walk the talk.** とも言いますがいずれも「言ったことをきちんと行う」「有言実行」という意味です。

Don't talk the talk if you can't walk the walk. は「実行できないのなら、偉そうなことを言うな」という意味。

また、**Do as I say, not as I do.** は「私のやっていることは真似しなくていいから、私の言うとおりにしなさい」ということになります。

例えば喫煙者の父親が、子供に禁煙を勧める時などにこう言うとされています。

It's easier said than done.

あるいはit'sを省略して、**Easier said than done.** とも言いますが、これは「言うは易く行うは難し」のことで、「口で言うほど簡単なことではない」の意。たとえば、**Practice what you preach.** 「自分の説くこと

を実行せよ」と言ったあとで、It's easier said than done. などと付け加えることがあります。

Virtue is its own reward.
「徳行は自ら報ゆ。善行の報いはその中にある」
　善行に対する見返りを期待するべきでない、という意味。

Opportunity seldom knocks twice.
「好機は二度は訪れない」

All work and no play makes Jack a dull boy.
「勉強ばかりで遊ばないと、子供はだめになる」というところから「よく遊びよく学べ」ということ。

Don't judge [criticize] a man until you have walked a mile in his boots [shoes].
「他人の立場にまず身を置いてから、その人を判断［批判］せよ」ということ。

Every cloud has a silver lining.
　liningは「（服の）裏地」のことで、文字どおりには「どんな雲にも銀色の裏地がついている」ということだが、「地上から見れば黒い雲も、裏側は日が照っていて銀色だ」「悪いことの中にも必ずよいことがある」と

いう意味。

Absence makes the heart grow fonder.

「いなければいとおしく思えてくるもの、離れていると恋しい思いが募るものだ」

　反対の意味のことわざに、**Out of sight, out of mind.** がある。「目に見えないものは忘れられる」「去る者日々に疎し」ということ。

What goes around comes around.

「自分のやったことは、結局自分に返ってくる」「因果は巡る」。特に不愉快なこと、嫌なことについて語る時に使います。「起こることは起こる」「因果応報」「歴史は繰り返す（History repeats itself.）」といった意味合いで使います。

Cleanliness is next to Godliness.

「清潔は敬神に次ぐ美徳」

　出典はメソジスト派（Methodism）の共同創始者のジョン・ウェズレー（John Wesley, 1703-91）の著作集の中の「服装について」（*on Dress*）と言われています。まず神を敬いそしてその次に「身なりを清潔に保つこと」とされています。

　next to を使い、Most of us find it next to impossible to get enough exercise to burn off extra calories.（余分なカロリーを燃焼させるのに十分な運動をするのは、不可能に近い、と大抵の人は思っている）のように言えます。worth next to nothingは「ただ同然で」「二束三文で」ということ。

A word is enough [sufficient] to the wise.
「賢い人には一度言えば十分だ」「賢者は一を聞いて十を知る」ということ。「あまりくどくど言うつもりはない。ひと言言えば理解してもらえるだろう」というニュアンスで使うことがよくあります。

The road to hell is paved with good intentions.
「地獄への道はよき意図で敷き詰められている」で、「心がけがよくても［善意でしたことでも］正しいこととは限らない［地獄への道になりえる］」といった意味で使います。

Beauty is in the eye of the beholder.
「美とは見る人の目の中にある」とは、「何が美しいかはその人の主観による」という意味。日本語の「蓼食う虫も好き好き」に相当します。
　Competence — like truth, beauty, and contact lenses — is in the eye of the beholder. といえば、「能力とは、真実、美、そしてコンタクトレンズと同じく、見る人の目の中にある」ということ。

Beauty is only skin-deep
「美しさは皮一重にすぎない」。外見の美しさは皮一枚のもので、美しさの下には醜さが隠れているものだから、外見の美しさより内面の良さの方が大事だ、外見で人を判断してはいけないという意味。

All things are difficult before they are easy.
「すべてのものごとは困難の段階を経て、やがて容易になる」という意味。何でも初めのうちは難しいが、なれてくるとやさしく思えてくる。困難をきらって容易なところからスタートしたのでは、いつまでたっても高いレベルには到達することができないということ。

No man is infallible.
「過ちを犯さない人はいない」ということ。同じような意味のことわざに、To err is human, to forgive divine.がある。「過ちは人の常、許すは神の業」ということ。

Better the devil you know than the devil you don't know.
「知らぬ悪魔より知った悪魔」で、「(吉と出るか凶と出るかわからないものより) 正体がわかっている嫌なもの [人] のほうがまだよい」ということ。

Speak of the devil, here she is.

「うわさをすれば影だ、本人がやって来た」。日本のことわざの「うわさをすれば影がさす」は、実際には「うわさをすれば何とやら」などと言って、後半を言わないこともありますが、英語でも Speak of the devil. だけでやめておくこともありです。

Something is better than nothing.

「何もないより何かあったほうがまし」という意味ですが、口語では better than a slap［poke］in the eye とか better than a kick in the ass［pants, teeth］などと言います。私のかつてのイギリス人の上司は、よく better than a kick in the derriere と言っていました。derriere は「尻」ということで、ass の婉曲語でもあります。

　ことわざでは better A than B という方式のものもいろいろあります。たとえば、**Better a live dog than a dead lion.**「死せる獅子より生ける犬に」「命あっての物種」ということ。**Better safe than sorry.** は「後悔するより安全に」「用心に越したことはない」「転ばぬ先の杖」など。

Better late than never. は遅れた時の言い訳としても使います。「来ないより遅れた方がまだまし」。

Better to have loved and lost than never to have loved at all.

「恋をして失う方がなにも恋をしないよりいい」「愛して失恋しても、まったく愛さなかったよりもいい」

Better to remain silent and be thought a fool than to speak and remove all doubt.

「黙っていてバカと思われるほうが、口を開いてすべての疑いを晴らすよりいい」。これはエイブラハム・リンカーン大統領のことばとして知られています。「沈黙は金なり」にも通じます。

現代のことわざ

死語となったことわざが数多くある一方で、現代でも新しいことわざは常に生まれています。20世紀、21世紀に使われるようになった英語のことわざを集めた *The Dictionary of Modern Proverbs* の中には、**No one on his deathbed has ever said, "I wish I'd spent more time at the office (at work, on business)."** が載っています。

この辞書には、現代のことわざとして、**The glass is either half empty or half full.** も載っています。「コップに入っている水は半分空か半分いっぱいか」ということですが、同じ物を見ても見方によって違うことを表しています。half full と見えた人は楽観的、half empty と見えた人は悲観的な人とも言えます。

There's safety in numbers. は「数が多ければ安

全」という現代のことわざで、弱小の生き物が大群で行動するのは、この原則のためと考えられています。「赤信号、みんなで渡れば恐くない」とも発想が似ているようですが、こちらは日本で1980年に流行語となったものです。これはビートたけしが漫才のネタの中で使って流行語になりました。

「男は度胸、女は愛嬌」は古い日本のことわざですが、これに「坊主はお経」と付け加えれば現代のことわざ風に聞こえます。英語では**Courage is the measure of a man; beauty is the measure of a woman.**「男の尺度は勇気、女の尺度は美」が近いようです。

　ちょっと考えてみても日本語では「新しいことわざ」が多く使われています。たとえば、「バカの大足、間抜けの小足、ちょうどいいのは俺の足」があります。「亭主元気で留守がいい」は、「夫が元気に外で働き、家を空けている方が妻にとっては都合がよい」ことを表しています。元はCMのキャッチコピーで、このフレーズは、衣類用防虫剤のCMで使われたことから有名になり、1986年の流行語大賞の銅賞にも選ばれました。

　日本では「聞くは一時の恥。聞かぬは末代の恥」などとも言いますが、これは「他人に聞くのが恥ずかしいからといって、知らないことをそのままにしておくと、一生知らないままになり、その恥は後の世での

大きいものになる」(『広辞苑』) という意味です。

　質問を躊躇する人に対して言うのが… There's no such thing as a silly question — only silly answers. と言って、質問しやすい雰囲気作りをしてくれています。「バカな答えはあるが、バカな質問などない」ということ。

　しかしその反対に、Ask a silly question and you will get a silly answer. ということわざもあります。「バカな質問をすれば、バカな答えが返ってくる」ということ。

There's no such thing as a free lunch.

「この世にただのランチなどというものはない」から、「現実の世界に無料のものは存在しない」「ただのように見えてもだれかが代価を払っている、見返りを期待されている」といった意味。1950年ごろから使われているようですが、経済学者でノーベル賞受賞者のミルトン・フリードマン (Milton Friedman, 1912-2006) が1975年に著書のタイトルに使ってから有名になったとされています。

Never say never, never say always.

　never も always も断定的に言う時に使う副詞で、例外を認めない言い方でもあります。誇張や悲観論をいさめたものです。

「最初からあきらめるな」「まだ可能性はある」という
励ましのことばとして使われる表現でもあります。

Today is the first day of the rest of your life.
「きょうはあなたの残りの人生の最初の日」という意
味の有名な文句で、greeting cardなどにもよく使われ
ています。これを最初に使ったのはヘロイン中毒患者
の救済機関を設立したチャールズ・ディードリッヒ
（Charles Dederich）というアメリカ人だそうです。
「過去を振り返らずに、当初はきょうを新しい人生の
出発点とせよ」として中毒患者に再起を促す文句でし
た。

Live every day as though it were your last.
「毎日が人生最後の日と思って過ごせ」ということで
すが、and it will be true one day「そうすればある日、
それが本当になる」などとふざけて付け加えることも
あります。

**You can't win an argument with someone who
buys ink by the barrel［gallon］.**
「樽［ガロン］単位でインクを買う人に論争を吹っか
けても勝ち目はない」。つまり「新聞社［マスコミ］と
喧嘩をしても仕方がない」ということ。

A cluttered desk is a sign of a cluttered mind.

「乱雑なデスクは混乱した思考の表れ」ということ。外資系企業などでは、退社時にデスクの上に残しておいていいものは電話機だけ、としているところもあります。デスクの上をいつもきちんとしておくのは、「時間管理」のABCです。散らかったオフィスでは心理的に思考が乱れるだけでなく、ものを探すための時間のロスも生じます。

If you want something done, ask a busy person.

「何かをやってもらう時には、忙しい人に頼め」。多忙な人は与えられた時間を効果的に使い、より多くのことを達成する術を知っているからです。

Keep your eyes wide open before marriage, half shut afterwards.

「結婚前は目を十分開け、結婚後は目を半分閉じよ」。ベンジャミン・フランクリンのことばです。

You never get a second chance to make a first impression.

「第一印象を与える機会は二度と来ない」

　第一印象は、よほどのことがないかぎり、その後あまり大きく変わることはないと言われます。よい第一印象を持ってもらえれば、それは簡単に崩れることは

ありません。一方、第一印象が悪いと、印象をよくするのはなかなか難しいのです。

Laughter is the best medicine.
「笑いは最良の薬」。笑いの持っている自然の治癒力についてはCancer Treatment Centers of Americaがlaughter therapyを行っていて、日本でも同様の研究がなされています。アメリカでは政治記者でライターのノーマン・カズンズ（Norman Cousins, 1915-90）が自分の症例報告として書いた著書*Anatomy of an Illness as Perceived by the Patient*が有名。『笑いと治癒力』（岩波現代文庫）という題で訳本も出ています。

Accentuate the positive.
「肯定的な面を強調しなさい」
「ある状況において、肯定的な面を強調せよ」ということ。1944年に発表されたビング・クロスビー（Bing Crosby）主演映画の主題曲 Ac-Cent-Tchu-Ate the Positiveにより一般的になりました。

Walls have ears.
　日本でも「壁に耳あり、障子に目あり」と言いますが、これは西洋のことわざで、「スパイに警戒せよ」「秘密は漏らすな」という意味ですが、第二次世界大戦中の連合軍側の代表的なスローガンとして使われま

した。

このフレーズをもじった言い方に The ears have walls. があります。人によっては、特に権力の座にある人たちは、耳に壁があって他人の話を聞こうとしないという意味で使われます。

Loose lips sink ships.
「不用意にしゃべったことで船が沈められる」とともに、「スパイに警戒せよ」「秘密は漏らすな」という意味で使われた第二次世界大戦中のスローガンでもあります。

ことわざになったブラウニングの詩

私の好きな詩の最後の2行がことわざとしていくつかの辞書に収められているのも興味深いことです。それはロバート・ブラウニング（Robert Browning, 1812-89）の詩から **God's in his heaven; all's right with the world** というものです。

全体の詩は、

The year's at the spring,
And day's at the morn;
Morning's at seven;
The hill-side's dew-pearl'd;

The lark's on the wing;
The snail's on the thorn;
God's in His heaven —
All's right with the world!

　この詩には「翻訳詩人」と知られている上田敏（18
74-1916）の名訳があります。（訳詩集『海潮音』より
訳詩「春の朝」）

　時は春、
　日は朝、
　朝は七時、
　片岡に露みちて、
　揚雲雀なのりいで、
　蝸牛枝に這ひ、
　神、そらに知ろしめす。
　すべて世は事も無し。

第8章
迷信

『明鏡国語辞典』で「迷信」を引くと、「科学的根拠がなく、社会生活に実害をおよぼすことが多いとされる信仰」とあります。他の辞典も同じように、迷信とは「時代の人心に有害になる信仰」（『精選版　日本国語大辞典』）、「迷妄と考えられる信仰」（『広辞苑』）、「俗信のうち、社会生活に実害を及ぼし、道徳に反するようなもの」（『日本大百科全書』）などと定義しています。

しかし、すべての迷信が「実害」をおよぼしたり、「道徳に反する」ようなものではないでしょう。なかには一部の信心深い人たちだけが信じていて、他の人たちはただの「昔からの習慣」として、あまり深く考えずに行っているものもあると思います。

くしゃみをすると肉体から魂が抜け出してしまう

日本では、くしゃみをすると「誰かがうわさをしている」などと言いますが、欧米では、誰かがくしゃみをすると、**God bless you!**（あるいは略して **Bless you!**）またはドイツ語で **Gesundheit!** など、「お大事

に」と声をかける習慣があります。同じ空間で働く人たちなど、面識のある人同士だけでなく、電車で居合わせた乗客間などでもこう言うのが習慣になっています。「あなたに神のご加護がありますように」「お大事に」といった意味で、言われたほうは Thank you. と応じます。

　これは、西洋の迷信に由来する暗黙のルールです。くしゃみをすると、その人の肉体から魂が抜け出して病気になるという迷信があるので、そうならないためにこう言う習慣が生まれたとされます。

　NHK のビジネス英語の番組でかつて私のパートナーだったヘザー・ハワードさんは、来日して間もないころ、誰かがくしゃみをしても誰も何も言わないことに、「ああ、ここはアメリカではないのだ」とちょっとしたカルチャーショックを覚えたと言っていました。

　ちなみにアメリカでは、耳がほてっていると、誰かがその人のうわさをしていると言います。

Cover your mouth when you yawn.
「あくびをする時には手で口を覆い隠す」。今ではそれが礼儀とされていますが、昔は、あくびをすると呼吸が止まって死んでしまわないように手を口にやったと言われます。

　中世ではあくびは悪魔の仕業で、あくびをすると悪魔が口から侵入してその人にとりつくと信じられてい

ました。

日本独特の迷信

　かつて私の叔母は、用事があって訪ねて行くと、壁にかけてある古い暦をちらっと見て、「きょうは先負だな。だめだ。午後から出直しておいで」などと言ったものです。先負は、「午前は凶、午後は吉」とされています（その反対は「先勝」）。

　科学的根拠はまったくないけれど、日本では広く信じられている迷信は、「血液型による性格分類」です。「あの人はB型だから、性格が悪い。すべてにおいて自己中心的で、忍耐力が無く、心を開かない」などと言われたりします。

「ワカメやコンブを食べると、髪の毛が増える」「3人で写真を撮ると、真ん中の人は早死にする」「雛祭りが過ぎた後も雛壇を出し続けると晩婚になる」などともよく言われます。

　いずれも科学的根拠はゼロですが、気になる人もやはり多いでしょう。友引の日は、「親しい友を冥土に引き連れてしまう」とも言われているため、葬儀場や火葬場は定休日としていることも多いようです。

　結婚式や入籍、それに引っ越しや新車を納車するのも「大安」の日を選ぶ人が多いでしょう。これらもすべて合理的根拠はなくとも、逆らうと何となく気が引

けたり、周囲から反対されたりすることもあります。

　また、「ことわざ」と違って、世界各国同時発生的な「通念」に近い迷信は比較的少なく、各国独特のものが多いようです。

　例えば、「嘘をつくと閻魔様（えんま）に舌を抜かれる」と幼いころよく言われました。これは、「子供が嘘をつかないように」という教育、道徳的な意味合いがあるのでしょう。

　お釈迦様が亡くなる際に、北の方角に頭を置いたという故事にちなんで、「北枕で寝てはいけない」とも言われます。古くから北枕は縁起が悪いとされ、死者を安置するときだけ北枕とされていました。

「秋茄子は嫁に食わすな」という日本の言い伝えは、「茄子（なす）を食べると体が冷え、妊娠しにくくなるので、大切な嫁には食べさせるな」という意味と、「おいしい秋茄子を嫁に食わせてなるものか」といった嫁いびりの意味に使われることもあります。

　乳歯が抜けた時、「上の歯は縁の下へ、下の歯は屋根の上へ投げる」などともよく言われました。現代では「縁の下」のない家も多いのですが、抜けた乳歯をそのように投げ分けると、投げた方向へ正しく永久歯が生えそろうというものです。

　ところが英米では、乳歯が抜けた場合には寝る前に枕の下に歯を置いておくと、夜中に tooth fairy（歯の妖精）がやってきて歯を持って行き、代わりにお金を

置いておくと信じられています。

　日本では、包丁などは贈り物として縁起が悪いとされます。「縁が切れる」ことを連想させることばは「忌みことば」といって、不吉とされています。そうしたものを贈り物にするのは避けたほうが無難でしょう。

　これは西洋でも同じで、ナイフやハサミなどは結婚のお祝いとしては不適切とされます。しかしそうしたものは新婚生活を始めるのに必需品なので、「縁切り」にならないために、受け取った相手はそれに対して少額のコインを差し出し、それらを「買った」ことにするのが習わしとなっています。

　西洋における迷信の多くはローマやエジプトの神話（mythology）や聖句などから来ており、太古の昔から何代にもわたって語り継がれてきたものです。

黒猫が行く手を横切ると、縁起が悪いか—いいのか

A black cat crossing one's path is thought to be unlucky.

「黒猫が行く手を横切るのは不吉」とアメリカではされていて、そうした場合には一旦自宅に戻って出直す人もいます。黒猫は「悪魔の化身」とか「魔女の使い」とも言われ、黒猫が前を横切るのは神とのつながりを遮るもので、死の「前兆」でもあるとされます。

　しかし、イギリスとアイルランドではまったく正反

対の解釈があります。「黒猫が前を横切ると幸運が訪れる」というものです。古代エジプトでは黒猫を含むすべての猫は魔性を持っていると見なされ、神として崇拝されていたと言われます。

Knock on wood.
「うまくいきますように、いつまでも幸運が続きますように」という願いを込めて「木（製のもの）をたたく」こと。

　アメリカでは楽観的な発言や自慢話などをしてしまった後に、Knock on wood. と口に出して言ったり、木でできたものをたたいたりする人をよく見かけます。近くに木製品や木がない場合には、あることをイメージして、空中をたたくジェスチャーをすることもあります。

　これは不吉なことを追い払う魔除けのおまじないとして使われる表現で、イギリスでは Touch wood. と言います。

　語源についてはいろいろな説があります。古代ヨーロッパでは、神は木に宿っていると言われ、願い事がある者は木の幹に触れ、願いが叶ったらその木を軽くたたくのです。

　あるいは、今の幸運を逃さないように木をたたいて魔よけをしたことが始まりとする説や、楽観的な発言や自慢話などをした直後にこうすると、復讐の女神

Nemesisの嫉妬や怒りを和らげ、たたりを避けられる、という迷信から生まれた表現とする説などが広く信じられています。

start the day（off）on the right foot
「良い1日のスタートを切る」。また、**get up on〔get out of〕the wrong side of the bed**は「機嫌が悪い」という意味で、特別な理由もなく怒りっぽくなっている時の言い訳などに使うこともあります。これは、ベッドに入るのは右側から、ベッドから起きてその日を始める時も右側からがいいとされる迷信に由来しています。

　ローマ時代からある古い迷信によれば、右は「善」、左は「悪」で、*The Facts on File Encyclopedia of Word and Phrase Origins Third Edition*（Checkmark Books）によれば、「左足から先に靴を履いたり、左足から先に家に入るのは縁起が悪い」と考えられてきたそうです（it is unlucky to put on your left shoe first, or to walk into a house left foot first）。

　ローマ人、特にジュリアス・シーザー（Julius Caesar）の後継者で、ローマ帝国の初代皇帝とされるアウグストゥス（Augustus）は、朝ベッドの右側から起きるよう非常に注意を払っていたと言われています。ベッドの左側から起きた人は、その日1日怒りっぽいと言われます。rightという単語には「右」と「正し

い」という2つの意味がありますが、右は「善」という考え方はそのまま right あるいは righteous となったのです。

put one's best foot forward
「（人前で）いい方の足を前に出す」というところから、これは「他人にできるだけよい印象を与えようとする」（try to impress others, try to make a good impression）という意味のイディオムです。ここでも best foot とはもともと右足のことだとされています。

結婚に関連する迷信

おしゃもじに口をつけてごはん粒を食べると、お嫁に行く日に雨が降る、などと言われている地方があるそうです。ある時出席した結婚式で、仲人がそんな言い伝えを披露してくれました。結婚式の日の雨は「恵みの雨で、天が夫婦の一生分の涙を流してくれる」とも言われます。また、「天気雨」があると、「キツネの嫁入り」の伝説を思い起こす人がいるかもしれません。

西洋にも、「6月の花嫁」（June bride）は生涯幸せな結婚生活ができる、というものなど、たくさんの風習や言い伝え、迷信があります。

結婚式における欧米の習慣でよく知られているのは、**something old, something new, something borrowed,**

something blueという４つのものを花嫁が身につける
ことです。そうすると幸せになれる、という言い伝え
があるのです。近年は日本でも、ブライダル産業の宣
伝によって「サムシング・フォー」などとして知られ
るようになりました。

　something oldは何か１つ思い出深い古いもので、
花嫁の過去を表します。母や祖母の形見のウェディン
グドレス、あるいは先祖代々伝わる宝石などを身に着
けるのが一般的です。

　something newはカップルの今後の幸せな未来を表
し、これから始まる新生活を象徴するような新しいも
の、主に花婿や花嫁の家族からのプレゼントなどです。
真珠のネックレスからハンカチまで、いろいろな選択
肢があります。

　something borrowedは幸せな結婚生活を送ってい
る友人や親族などから借りたもの。その人にあやかれ
るようにという願いがこめられています。友人や母親、
祖母からハンカチやアクセサリーなどを借りることが
よくあります。

　something blueは貞節と愛（fidelity and love）を
表すそうです。青いものならば何でもいいのですが、ウ
ェディングドレスにブルーの刺繍を入れたり、花嫁の
持つブーケにブルーのラッピングをしたり、青いリボ
ン飾りをつけたものを用意したりします。

2015年6月、アメリカの連邦最高裁判所は、全米すべての州での同性婚を認める判決を下しました。これにより同性婚のカップルは、異性婚のカップルと平等の権利が保障されることになったのです。

　同性婚の場合、結婚祝いの贈り物などには通常の結婚と同じ原則を当てはめればいいのですが、その他のマナーについてはいろいろな変化が見られます。

　たとえば、教会から出てくる新郎新婦に参列者が米粒を振りかけて祝福する rice shower や、独身生活最後の bachelor/bachelorette party、花嫁が花束を投げる （bridal） bouquet toss は、古くからある習慣です。しかし同性婚や独身生活を好む人たちが増えてきた現代において、こうした慣行は敬遠されることも多くなっていると言われます。

　特に、花嫁が投げる花束を拾った女性は、その次は自分が結婚する番になると信じられていますが、必ずしも結婚を望まない女性もいるところから、こうした習慣も廃れつつある、と言われています。

It's bad luck to open an umbrella indoors.
「屋内で傘を広げると不運を招く」

　もともと傘は、雨を防ぐためではなく、日差しを遮るための物だったそうなので、日差しのない室内で傘を開くと、太陽の神を侮辱することになる、と言われました。室内で太陽の光を遮断すると、病気や死の災

難から守ってもらえなくなるとも言われます。

　日本では雨の日に、オフィスの片隅などで傘を広げて干す習慣もありますが、小さいころから「室内で傘を広げてはいけない」と教わってきた欧米人は、その様子を見るとどうしても不吉な気分になるそうです。

　最近、日本では女性だけでなく、男性も日傘をさして歩くのをよく見かけるようになりました。地球温暖化による猛暑が続けば、海外でも日傘をさすことがファッショナブルになるかもしれません。

　parasolは「パラソル」「日傘」のことですが、語源的には「防護」の意味の接頭辞のparaと、太陽を意味するsoleから成り、「陽を遮るもの」ということです。

13日の金曜日

　13は不吉な数字と信じられていて、多くのホテルやマンション、病院では13階を省いていたり、飛行場では12番ゲートの次は14番ゲートだったり、飛行機内では13列目の座席が存在しなかったりします。また、アスリートはユニフォームに13の番号を付けるのを嫌い、タロットカード（Tarot card）の13は「死」「死神」の意味です。

　13が不吉な数字になったのには諸説ありますが、最も有力とされているのは、イエス・キリスト（Jesus Christ）を裏切ったユダ（Judas）が最後の晩餐

（Last Supper）で13番目の席に座った使徒だったことに由来しているとされます。

　そこから食事のテーブルに13人が座るのは縁起が悪いと言われます。

　また、金曜日も不吉なイメージがあります。金曜日はイブがアダムにリンゴを与えた日で、楽園から追放されたのも金曜日とされています。また、アダムとイブが死んだのも金曜日、イエス・キリストが十字架刑に処せられたのも金曜日とされているのです。

　こうした2つの不吉な条件がそろう「13日の金曜日」（Friday the 13th）は昔から非常に恐ろしい日とされてきました。

　Stress Management Center and Phobia Instituteによれば、アメリカでは1700万〜2100万人が「13日の金曜日恐怖症」にかかっていると言われ、そうした人たちは、その日はベッドで終日寝たり、1人で遠くの場所に出かけたりするのだそうです。

　症状としては、発汗（sweating）、死恐怖症（thanatophobia）、動悸（palpitation）などがあるそうですが、統計的にも特に13日の金曜日に悪いことが起こっているということはありません。

「13日の金曜日恐怖症」はparaskevidekatriaphobiaと呼びます。これは、古代スカンジナビア語とギリシャ語にルーツを持つ「金曜日」という意味のParaskeví と、13を意味するdekatreís に「恐怖症」の

意味の接尾辞のphobiaをつけたものです（ギリシャ語起源のtriskaidekaphobiaとも呼ばれる）。

ラッキーセブン

13に対して7は幸運の数字です。

まだ望遠鏡が発明されていなかった古代において、空には「太陽」（Sun）、「月」（Moon）、「水星」（Mercury）、「金星」（Venus）、「火星」（Mars）、「土星」（Saturn）、「木星」（Jupiter）の7つの「星」が見えたのです。そこから古代ローマやエジプトでは、7人の神がいると信じられていたと言われます。

日本の七福神も7人です。「七」が3つ合体して「㐂」と書くのは「喜」の草書体で、喜寿は77歳の長寿の祝いでもあります。

聖書にも7という数字がよく出てきます。神は世界を6日で作り、7日目をSabbath（安息日）としました。

seven seals in Revelationsは、「ヨハネの黙示録」の中の「7つの封印」のことです。**seven deadly sins**は「7つの大罪」ですが、「罪」というより、人間を罪に導く可能性があると見做されてきた欲望や感情のことを指すもので、日本のカトリック教会では「7つの罪原」と訳しているそうです。

seven heavenly virtues「7つの美徳」は七元徳と

も呼ばれ、カトリック教会の教義における7つの基本的な徳をいいます。

その他にも、7が出てくるのは、「世界七不思議」（**Seven Wonders of the World**）、7色の虹（**seven colors in a rainbow**）、1週7日（**seven days of the week**）、白雪姫と7人の小人（**Snow White and the Seven Dwarfs**）などがあります。

また **seventh inning stretch** とは、アメリカ MLB（Major League Baseball）の試合における「7回裏の開始前に設けられる小休止の時間」のこと。大リーグで7回裏の攻撃が始まる前、観客が立って伸びをし、Take Me Out to the Ball Game を歌うという習慣です。

ナナホシテントウ（**seven-spotted ladybug**）は、一般的なテントウ虫としてイメージされる種類です。名前のとおり7つの斑紋があり、体は赤色。幼虫の段階からアブラムシを食べてくれる、ありがたい存在で、西洋では幸運のシンボルとされています。

seven-year itch は「七年目の浮気」「倦怠期」のことで、itch は「かゆみ」「むずむずする気持ち」のことですが、『七年目の浮気』（*The Seven Year Itch*）は、1955年のアメリカのコメディ映画のタイトルです。なかでもマリリン・モンローが地下鉄の通気口に立ち、白いスカートがふわりと浮き上がるシーンは映画史に残る場面となっています。

広く信じられている西洋の迷信によれば、人間の心

と体は7年ごとに変化するとされています。アメリカ
ではそのことをseven-year itchと呼びます。必ずしも
「浮気」とは関係なく使うこともあります。

鏡を割ると7年間悪いことが起きる

Dictionary of English Language and Culture
(Longman) のsuperstitionの項には、一般的な迷信
の例としてIt is thought to be unlucky to walk under
ladders, or to break a mirror.（はしごの下をくぐった
り鏡を割ったりするのは不運と考えられている）と記
されています。

A broken mirror brings seven years of bad luck.

「鏡を割ると、不運が7年間続く」と言われます。ロー
マ時代には、鏡はそれを見る人の健康を映すと考え
られていたので、鏡を壊すのは健康を害する前兆、縁
起の悪いこととされていたそうです。

I busted a mirror and got seven years of bad luck,
but my lawyer thinks he can get me five.

「鏡を壊したので不運が7年間続くことになったが、
私の弁護士は5年にできると考えている」

　鏡を割った時に続くとされる不運でさえも、優秀な
弁護士を雇えば7年から5年にしてもらえる、という
ジョークです。

はしごが作る三角形

Walking under a ladder will bring you bad luck.
「はしごの下を歩くのは不吉」と言われます。はしごから物が落ちてきたり、はしごに乗っている人が何かの拍子に落ちてしまったりするリスクを回避するために、そうした迷信が生まれたと思われます。

　はしごを壁に立てかけると、「床」「壁」「はしご」による三角形の空間が形成され、その空間は悪いエネルギーの象徴だとも言われます。

　一方、別の説によれば、中世においてはしごは絞首台（gallows）を象徴したもので、その下を歩くのは絞首刑になる予兆だと言われました。つまりそこは呪われた空間なので、避けるべきなのです。

　もう一つ別の説によれば、古代エジプトにおいては、壁に立てかけられたはしごによって作られる三角形はピラミッドを表し、その下を通ることはピラミッドの持つ聖なる力を壊すと信じられていました。

　なお、1600年代のイングランドにおいて罪人は、はしごの下を通って絞首台に引かれて行ったそうです。

　日本では「2度あることは3度ある」などと言いますが、英語でも **Never two without three.** 「2だけで3がないということはない」とか **Good or bad things come in threes.** 「善かれ悪しかれ3度来る」 **All things**

come in threes. 「すべては3度起こる」などと言われ
ます。

　3は昔から神秘的な数字とされていますが、これは
人間がこの世に生まれ出るという奇跡に、昔の人たち
が魅せられたからと言われます。人間の誕生には3人、
すなわち、父親、母親、こどもを必要としたので、3
が生命そのものを意味するようになったようです。

Four-leaf clover is a good luck charm.

「四つ葉のクローバーは幸運をもたらす」と言われて
います。それは聖書のアダムとイブの時代まで遡り、
エデンから追い出された時、イブは四つ葉のクローバ
ーを思い出に持って行ったそうです。それ以来、four-
leaf cloverは幸運の印となったとされます。

　自然界で四つ葉のクローバーを見つける確率は5000
分の1とか1万分の1と言われ、非常に希少価値の高
いものです。

　また古代エジプトでは、カップルが結婚する際に、
祝福とお互いに対する不滅の愛の印として、四つ葉の
クローバーを与えるのが伝統とされてきたとも言われ
ます。

　四つ葉の葉が意味するのは、「名声」（fame）、「富」
（wealth）、「愛」（love）と「健康」（health）だと言
われ、それを持つ者はそのすべてを手にいれることが
できると言われます。

数字の四と九は縁起が悪い

　四は「死」に通じるとされ、日本や中国では忌み嫌われます。日本の病院などの階数や部屋番号には4を使わないところもあるようです。

　また「九」は「苦」との連想から日本では避けられることもありますが、中国では発音が異なるため、忌み数ではありません。

　末尾が4444の電話番号が書かれた名刺の受け取りを中国で拒否されたのは、かつての私の上司です。現代の中国は表面的にはかなり西洋化していますが、いまだに風水や古くからの迷信を信じる習慣が根強く残っています。

　中国の企業では、引っ越しやオフィス・オープニングの日取りをはじめ、内装・方角などについては、風水師を呼んでアドバイスをしてもらうところもかなり多いようです。

　近代的なビルや高層マンションでも、ほぼ例外なく、中国人が忌み嫌う4の数字付きの階や室番号は存在しません。

　香港で、一戸当たりの最高価格が約50億円という超豪華マンションが数年前にオープンし話題になったことがあります。それは「アジアで最も高価」といううたい文句以外に、4階や14階、24階など4の付く階がないだけでなく、40階から59階までをすべてスキップ

して39階の上を60階とし、また最上の3つの階を66
階、68階、88階と「不連続」にしていたからです。

　そのため、「このマンションの88階は、普通に数え
ると何階でしょうか」というクイズまで流行したそう
です。

　中国ではまず8、それから6が幸運の数字とされて
います。北京オリンピックは2008年8月8日午後8時
に開幕しました。また、ラスベガスのあるカジノも中
国人観光客を呼び込むために、40階から59階までをな
くし、39階のあと最上階までを60階、61階、62階と
してあるそうです。

塩をこぼすのは不吉

Spilling salt will bring a person bad luck.
「塩をこぼすと不運を招く」

　塩は昔から高価な貴重品で、絶対にこぼしてはいけ
ないとされてきました。塩をこぼすという行為は不運
を招くだけでなく、悪魔を取り込むことになるとも言
われます。

　しかしもし塩をこぼしてしまった場合には、**throwing
salt over the left shoulder**「左肩ごしに塩をかける」
ことにより、これから降りかかる不運を追い払うこと
ができるとも信じられてきました。

　つまり、善良な霊は右側に宿り、悪魔は左側にいる

とされているので、右手で塩をつかみそれを左肩の上からまくのがいいとされてきたのです。

　塩は基本的な調味料で、生物が生きていく上で必要不可欠なものであるために、日本を含め世界各国で身を清めるための儀式に使われてきました。

　古代ローマでは、兵士への特別手当は塩で支払われていました。その塩はsalariumと呼ばれ、現代英語の「給与」を意味するsalaryの語源になったのです。

　salt「塩」はいろいろな英語のイディオムとしても使われています。たとえば、「与えられた塩の価値に値しない」という意味の **not worth one's salt** は「穀つぶし」「給料泥棒」ということです。

　take with a grain of salt は「割引いて聞く」で、いわゆる「眉唾もの」ということです。イディオムとしては、「額面通りに受けとるのではなく（not take something at face value）、懐疑心を持って対応する」ということです。

　では、塩と一緒に食卓に並べられることの多い「コショウ」はどのように扱われてきたのでしょうか。

using pepper to get rid of an unwanted guest

「長尻の客を早く帰すためにコショウを使う」というおまじないのようなものがあります。そのお客の座っている椅子の下に少量のコショウを置くというものです。

日本にも同じような習慣がありますね。日本の場合には、掃除用具のほうきを逆さまに立てるのは、ほうきに宿る神様に、長居してほしくない客を早く帰してほしいとお願いするためです。

指をクロスさせると幸運が訪れる

keep one's fingers crossed

これは中指を人さし指の上からからませ、他の指は親指の下に重ねる行為です。この指の形は、十字架（cross）を指で形どったもので幸運のまじないとされ、願いごとの成就を祈るときなどに使われます。またWe're as close as this. などと言いながらこのジェスチャーをすると、「人間関係の親密さ」を意味します。

horseshoes hung over the door of a house

家や納屋（barn）の戸口に魔よけの馬蹄を付けると魔女が入ってこなくなり、家内安全であるとされます。馬蹄とは、馬の蹄の下に打ち付ける蹄鉄のことです。蹄鉄は両端が下になるように玄関に飾ります。そうすると馬蹄が幸運の印の「半月」（half moon）の形になるからだと言われます。

itchy palm

様々な説があるのですが、一般的には「手のひらが

痒（かゆ）くなるとお金が入ってくる」と言われます。

　右の手のひらが痒いと、新しい出会いがあることを意味し、左の手のひらが痒いと、お金が手に入ることを意味するとも言われます。別の説では、右の手のひらが痒いと、お金が入ってくることを意味し、左手が痒いと、お金が出ていくことを予言しているともされます。

第9章
覚えておきたいイディオム

　イディオムとは「数個の単語が結びついた、それぞれの原義とはやや異なった意味をもった言い回し」のことだそうです（『精選版　日本国語大辞典』）。つまり、あるイディオムを構成する個々の単語の意味からは全体の意味を類推できない熟語のことです。

　かつて、かなり日本語に堪能な中国人から、「さじを投げる」というのはどういう意味かと尋ねられたことがあります。これは、若い人はもうあまり使わない表現かもしれませんが、「（薬を調合したりする匙を捨てる意から）医者が治療をあきらめる。また一般的に前途の見込みがないとして物事を断念する」（『大辞林』第三版）ということです。

「さじ」とは現代の食卓で使う「スプーン」のことではなく、江戸時代の漢方医が薬を調合するために使った道具をイメージしてみてください。それを投げ捨てるところから、「救いようがないと見放す」「解決の見込みがないとして手を引く」といった意味になります。「さじを投げる」は日本語の言い回しですが、それを構成する「さじ」「投げる」という個々の単語の意味を知っていても、全体の意味はわかりません。英語の

イディオムもまったく同じです。

bite the bullet
「歯を食いしばって耐える」「困難に立ち向かう」

　文字どおりには「弾丸をかむ」ですが、麻酔薬がない時に、戦場で負傷した兵士を手術する際に弾丸をかませて痛みをこらえさせたことから、嫌な状況に毅然と立ち向かう時などに使います。

　たとえば、失敗したことを上司に報告しなければならない時に、Let's bite the bullet and confess failure to the boss. などと言います。

bury the hatchet
「戦いをやめる」「和睦する」「矛を収める」

　hatchetは「手斧」「戦斧」のことですが、アメリカ先住民（native Americans, Indigenous peoples, American Indians）は戦いをやめて和睦をする印として、武器として使った斧を埋めたところからきているそうです。

　hatchet man は「殺し屋」のことですが、「人員・費用の削減などいやな仕事を引き受ける人」「従業員の解雇など嫌な仕事を（上司に代わって）する人」という意味で使います。

pull someone's leg

「（人）をからかう」

「足を引っ張る」という日本語の成句とは違い、「（人）を軽くからかう」「面白半分に［冗談で］（人）をだます」という意味になり、You're pulling my leg. といった形でよく使われます。由来については諸説あるようですが、かつてイギリスにはfootpadと呼ばれる追いはぎがいて、ペアの1人が杖を使って歩行者を転ばせてから盗みを働いたところから、という説が有力なようです。

the greatest［best］thing since sliced bread

「スライスした食パン以来の最高のもの［人］」「画期的な［最高の］発明品」

　食パンを好みの厚さにスライスしてパックするbread slicing machineはアメリカで1928年に発売されたのですが、当時は画期的な発明と絶賛を浴びました。この成句はしばしばおどけて使ったり、また実際にはそうでない場合の皮肉に用いたりもします。

　　have a green thumbは「庭いじりが得意である」ということ。green-thumbedはアメリカ英語で「園芸が得意な」「園芸の才のある」という意味の形容詞として使われます。イギリス英語ではgreen-fingeredと言うようです。

軍事用語からの転用

　ビジネス用語には軍事用語がたくさん入っています。企業内でよく使われる strategy（戦略）、tactics（戦術）といった語も、もともとは軍事用語です。

　会社組織・経営について使う line and staff は、「ライン部門とスタッフ部門」のことです。ラインは業務の遂行に直接かかわるメンバーで命令系統を持つのに対して、スタッフは専門家としての立場からラインの業務を補佐するけれど、ラインへの命令権を持ちません。これはもともと軍隊で生まれたモデルで、軍隊におけるスタッフは「参謀」のことです。

　rank and file は軍隊では、将校ではない「一兵卒」のことですが、企業においては「平社員、一般組合員」を意味します。そこから広く「一般大衆」という意味で使うこともあります。

　chain of command はもともと軍隊における「指揮命令系統」のことですが、企業においても縦割りの指揮命令系統の意味で使います。

　brass は「真鍮」ですが、**the brass, top brass** は軍服や帽子についている真鍮製の階級章から、高級将校を意味する集合名詞です。そこから一般に、企業や役所などの「お偉方」「上級幹部」の意味で使われることもあります。

　honcho あるいは **head honcho** は日本語の「班長」

から英語になったアメリカ俗語で、「ボス」「リーダー」「大物」という意味です。戦後、日本に進駐した米軍の兵士たちの間で広まったとされていて、動詞として「…の長を務める」「率いる」「組織する」という意味でも使います。

boot campはもともとアメリカの軍隊や沿岸警備隊の新兵のための軍事訓練コースのこと。bootは軍隊の俗語で「新兵」の意。今では、一般的に短期集中セミナーなどの意味で使われます。IT boot campといえば、短期間にプログラミングなどのスキルを教えるコースのことです。

task forceは「機動部隊」（a military force under one commander sent to a place for a special purpose）の意味ですが、現在では「（専門家）委員会」「対策チーム」という経営用語としてよく使われるようになっています。常設の委員会ではなく、短中期的な目的を持ち、それが達成された場合には解散する、という意味合いで使われることも多いようです。

liaise［liéiz］は「連絡をつける」「接触を保つ」「連携する」という意味の、口語の動詞。イギリスで1925〜30年ころに軍隊やビジネス界で使われ出したのが初めと言われます。liaison（軍隊・部隊間の連絡［通信］）という名詞があって、そこからのback-formation（逆成語）としてできたものです。

reduction in forceはもともと軍隊における「兵力

削減」のことですが、ビジネス用語としては「人員整理［削減］」のことです。その略語のRIFも「人員整理［削減］（をする）、解雇（する）」という意味の動詞・名詞として使われます。

war roomは戦場における「作戦本部室」のことですが、企業の「戦略会議室」（a room from which business or political strategy is planned）の意味で使われます。

exit strategyは「出口戦略」「撤退計画」などと訳されますが、会社などの売却［整理］戦略、あるいはある業種からの撤退計画のことです。軍事用語としては、「軍の損害を最小限にとどめて戦争などから撤退するための戦略」を意味します。

trenchesは軍隊用語で「塹壕陣地」のことですが、ビジネス用語としては「現場」という意味で使われます。そこから**folks in the trenches**は「仕事の現場にいる人々」のこと。**send someone out into the trenches**は、「（人）を現場に派遣する」という意味です。「現場」「最前線」の意味ではfrontも使い、on the work frontは「仕事の現場では」ということ。

call the shotsは現代用語としては「主導権を握っている」「采配を振るう」ということですが、もともとは「（大砲を）どこへ撃つかを指示する」という意味。

minefieldは「地雷敷設区域」のことですが、It's a minefield out there.などと用い、比喩的に「目に見え

ない危険の多い場所」を意味します。

low profileは「目立たないこと」「人目につかない態度（やり方）」という意味。keep a low profileといえば「低姿勢を保つ」「目立たないようにする」ということになります。このフレーズも軍隊の用法から派生したとされています。つまり戦車などを使った陸地戦において、車高の低い車両（a vehicle with a low profile）のほうが双眼鏡などによって発見されにくく、標的になりにくいところから。

野球用語由来の表現

英語のイディオムの中には、アメリカのnational pastime（国民的娯楽）とも呼ばれるbaseball（野球）に由来するものがかなり多く見られます。

Take me out to the ball game.は歌の題名。アメリカの野球ファンの愛唱歌です。1908年に作曲されて以来、Major League Baseballの試合では、7回表終了時にこの歌を歌う慣習があります。

ball gameはアメリカでは特に「野球」を指しますが「球技」一般のことです。**It's a whole new ball game.**は「まったく新しい［完全に異なる］状況である」「また話が別だ」といった意味です。

ballparkは「野球場」のことで、**ballpark figure**は

アメリカの俗語で「概数」「おおよその費用」を意味します。**in the ballpark** といえば「大体の範囲」のこと。

play hardball は軟球（softball）ではなく硬球（hardball）でプレーする、ということです。1973年ごろからのアメリカの俗語で、「強引［強硬、攻撃的］にふるまう」（to behave in a tough, uncompromising way）といった意味です。政治やビジネスの分野で使われています。

be caught off base は口語で「不意をつかれる」「あっけにとられる」ということ。「塁を離れて」という野球用語から出たもので、**off base** は「間違っている」「的外れである」という意味でも使います。

touch base with は「ベース（塁）にタッチする」から、「（人）と短く話をする」「（人）と連絡を取る」ことです。

cover all the bases は「（ホームランを打ったあと）すべてのベースを確実に踏む」というところから、「手抜かりなくやる」「万全の準備を整える」「徹底的にやる」という意味。

can't get to first base は「1塁に行けない」から「全然成果を上げられない」という意味で使われます。

major league は「メジャーリーグ」のことですが、形容詞として使って major-league orchestra といえば「最高級のオーケストラ」ということ。その反対は minor-league で、「2流の」「さえない」を意味します。

step up to the plateは「先頭に立って行動する」「進んで物事に取り組む」「責任を引き受ける」ということ。

　野球用語では「（やる気満々の）バッターが打席に入る」「投手がマウンドに上がる」ことです。そこから「進んで難しい物事に取り組む」というイディオムとして使われます。

　When no one else would volunteered, Tom stepped up to the plate and took over the crisis management team.は「誰も進んで引き受けようとしなかった時、トムが自ら名乗り出て危機管理チームの指揮を執った」のように用います。

　hit a home runは「ホームランを打つ」から「際立ったことをする」「大成功する」ということ。アメリカでは「ホームラン」のことをhomerとも言います。

　throw somebody a curveballは「人にカーブボールを投げる」ということですが、そこからイディオムとして「（予期せぬ質問などで）人の意表をつく」という意味でも使います。

　go to bat for somebodyは、「代打に立つ」から「（人）を後援［支持、擁護］する」。

スポーツ用語から

野球以外のスポーツの用語から一般的な表現になっ

たものを見てみましょう。

　rain check はアウトドアスポーツや野外音楽会など
の屋外行事が雨で中止になって延期された時に渡す
「雨天引換券」のことです。**Can I take a rain check?**
は、「今回は都合が悪くて行けませんが、また次回お
誘いください」という意味で、食事やデートの招待な
どを断る際の決まり文句です。

　ground rules は「グラウンド上の規則」のことです
が、そこから「行動上の基本原則」「行動原理」の意
味でも使われるようになりました。会議の冒頭に、「携
帯電話は silent mode（マナーモード）にする」「質問
は挙手をしてから」といった ground rules を決めてか
ら始めることがよくあります。

　blow the whistle は、審判が警告したり反則を止め
たりするのにホイッスルを鳴らすことから、「不正行為
などをやめさせる」という意味と、「人のことを通告
［密告］する」「（内部）告発する」という意味があり
ます。内部告発者は whistle-blower と呼びます。

　out of bounds は「定められた境界を越え」「立ち
入り禁止（区域）で」という意味。ゴルフ用語として
は「（ボールが）コース外［プレー禁止地域］に出て」、
ということで、日本では OB と略します。一般的に英
語ではもっと広義に「節度を越えて」「礼儀を逸脱し
て」「非常識で」（overstep bounds）の意味で使うこ
とが多いようです。

game planはもともとフットボール用語で、試合ごとの「作戦」の意味で使われていました。1970年代に、熱心なフットボール・ファンだったリチャード・ニクソン大統領（Richard Nixon, 1913-94）が、より広義の「戦略」（strategy）の意味で使うようになり、政治やビジネスの世界でも一般化したとされています。

kick off, kick-offはサッカーなどの用語で、試合の開始時および得点後の試合再開時にボールを蹴ることから、kick offは「開始する」「始める」の意味のphrasal verb（句動詞）です。名詞のkick-offは「開始」「スタート」のこと。kick-off meetingとは年度初頭の会議や、あるプロジェクトなどを始めるにあたっての最初のミーティングのことです。

red cardはサッカー用語で、反則をした選手を退場させる時にレフェリーが示す赤いカードのことで、そこから「違反行為」「処罰に値する反則」といった意味で使われます。

own goalもサッカーから。「誤って味方のゴールにボールを入れること」（相手方の得点となる）から「（自分の首を絞める）愚かな過ち」「自業自得の失敗、失言」という意味で用いられます。

on the ballは「油断のない」「機敏な」という意味。「ボールの上に乗っている」というところから、「落ちないように注意している」「油断［抜け目］がない」「有能な」といったニュアンスの表現です。球技で

Keep your eye on the ball. と言えば「ボールから目を離すな」ということですが、イディオムとしては「油断するな」「注意を怠るな」という意味で使います。

drop the ball は「（球技において）ボールを落とす」というところからの比喩で、「ミスをする」「期待を裏切る」ということ。また、**carry the ball** は「（一人で）責任を取る」「（計画などを）率先してやる」の意。**get［set, start］the ball rolling** は「ボールを転がし始める」から、「（物事を）順調にスタートさせる［軌道に乗せる］」という意味で使われます。

The ball is in your court. はテニスの表現からの言い回しで、「今度はあなたの番だ」「（決めるのは）あなた次第だ」ということ。

お金に関連した気になる表現

You scratch my back and I'll scratch yours.
「私の背中を掻いてくれれば、私もあなたの背中を掻いてあげる」ということで、「困ったときはお互いさま」「魚心あれば水心」といった意味で使います。そうした関係を **two-way street** とも呼びます。もともとは「2車線道路」のことですが、そこから比喩的に「相互的な関係」「両者の協力が必要な状況」を意味します。

put one's money where one's mouth is

「口のあるところに金を置く」から、「言ったことを実行する」「口だけでなく金も出す」「実際にお金を出して約束を果たす」ということ。

take home big bucks

「高額を稼ぐ」

big bucksは口語で「大金」のことで、spend big bucksは「多大な費用をかける」「大金を費やす」ということ。take homeはtake-homeとハイフンを入れて形容詞として使うと「手取りの」という意味になり、take-home payは「手取りの給与［賃金］」のこと。

bring home the bacon

「生活費を稼ぐ」

「ベーコンを家に持って帰る」というところから、「生活費を稼ぐ」を意味するアメリカのイディオム。同じような意味の言い回しに put meat and potatoes on the table があります。「肉とポテトを食卓に置く」から、「生計を立てる」という意味に使うもの。

pick up the billは「勘定を払う」という意味のイディオムですが、アメリカでは foot the bill も使います。これは、勘定書きの一番下のところ（foot）に自分の名前をサインして、支払いの責任を負うところから出

た表現とされています。

　put in one's two cents' worth は直訳すれば「２セント分の価値を入れる」ですが、「頼まれてもいないのに自分の意見を述べる」「話に口を挟む」という意味のイディオムです。two centsは意見、特に望まれない意見を意味します。自分の意見にはあまり価値がないかもしれないがという意味で、謙遜や軽い皮肉などを込めて使うことが多いようです。

　bang for the buck は「出費に見合うだけの価値」「大きな効果」のこと。

　bangは「バン［ドン、ズドン、バタン］という音」「轟音（ごうおん）」のことですが、「活気」や「大成功、興奮」の意もあります。また、buckは「ドル」のこと。**value for money** も「お金を払っただけの値打ちのあるもの」という意味です。

　make a quick［fast］buck は「手っ取り早く金を稼ぐ」「さっとひともうけする」という意味。

chip in
「寄付する」「カンパする」

「（協賛して）お金や労力などを出し合う」「献金する」という意味で使います。Employees of Company X each chipped in $100 or more for a relief fund to help save the victims of recent hurricanes while its

CEO made a matching donation to the fund. は「X社の社員は各自100ドル以上を出し合って、最近のハリケーンの被災者のための救済基金に寄付をしたが、同社のCEOは集まった金額と同額を基金に寄付した」という意味になります。

small change

「小銭」「少額のお金」「釣銭」

「細かいお金」のほかに、「取るに足らない人 [もの、こと]」の意味でも使われます。**small potatoes**（複数形）も口語で「ささいな [くだらない、取るに足らない] 人 [もの、こと]」（one that is of trivial importance or worth）を意味します。**a small fortune** は「一財産」「大金」、**small-time** は「三流どころの」「安っぽい」ということ。**not to sweat the small stuff** はアメリカの口語で「小さなことでくよくよしない」「つまらないことを気にしない」の意味で、Don't sweat the small stuff. は、小さなことで心配したり悩んだりしている人にかけることばです。

働き方

Welcome aboard. は船や列車、バス、飛行機などの乗り物に乗った時に聞かれる「ご乗船 [ご乗車] いただきまして、ありがとうございます」という決まり

文句ですが、そこから「入社 おめでとうございます」という意味でも使われます。「会社」という運命共同体に乗り込んできた人への歓迎のことばです。

get on board は「乗り物に乗る」ということですが、**have someone on board** は「（人）を組織に迎え入れる」という意味で使います。

onboarding は「船や飛行機などに乗った」という意味のon-board から派生した語ですが、ビジネス用語としては「新人研修」を指します。新たに採用した人材がスムーズに組織になじみ、早期に成果を出せるようにするための取り組みです。

show［teach］someone the ropes はイディオムで、「…にこつ［要領］を教える」（to show or teach how a particular job should be done）ということ。rope は複数形にすると「仕事などの秘訣、こつ」を意味します。

well-organized
「きちんとした」「頭の中がよく整理されている」

　組織や手法などを修飾する語としては「高度に組織化された」「効率のよい」という意味になりますが、人に対して使うと「頭の中がよく整理されている」「手際がいい」ということで、最高の誉めことばの1つとなります。その反対語は disorganized で、「だらしない」「無秩序な」「ずさんな」ということ。

boomerangは「オーストラリア先住民の道具で、曲線を描いて手元に戻ってくるもの」ですが、一度会社を辞めて、ブーメランのように元の職場に戻ってくる社員を **boomerang employee** と呼びます。

boomeranger は boomerang に「人」を意味する接尾辞の -er をつけたもので、boomerang employee と同じ意味でも使いますが、「家を出て自立したあとで親のもとに戻ってきて、親と同居する若者」（A young adult who goes back to live with a parent after a period of independence.）も意味します。

The grass is（always）greener（on the other side of the fence）.

「（垣根の向こうの）芝生はより青く見える」「隣の芝生は青い」

「他人のものは何でもよく見える」という意味のことわざです。単に The grass is greener. とも言います。

live paycheck-to-paycheck

「給料ぎりぎりの生活をする」「その日暮らしをする」

live from paycheck to paycheck あるいは **live from one paycheck to the next** とも言います。

アメリカでは、給与は毎週あるいは2週間に1度、給与支払い小切手（paycheck）で支給されるのが一般的でした。この表現は、給与のほとんどすべてを生活費に使ってしまい、貯蓄できないような暮らしを指

します。現在、多くの企業は給与の自動振り込みをしていますが、the unbanked と呼ばれる銀行口座を持っていない労働者のために paycheck も発行されます。ただ、それを現金化する場合の手数料が高いのが社会問題になっているのです。

work 9 to 5 は「平日の9時から5時まで働く」ということで、「日常的な仕事（時間）」を意味します。退屈で規則的な勤めをするというニュアンスがあり、nine-to-fiver といえば「9時から5時まで退屈で決まりきった仕事をする人」ということ。同じような意味で、clock-watcher も使われます。退社時間を気にして常に時計を見る人のことです。

work remotely
「（インターネットを介して）遠隔［在宅］勤務をする」
　勤労形態の一種で、コンピュータや電話などの情報通信機器等を活用し、時間や場所の制約を受けずに、同僚や顧客、オフィスと連絡を保ちながら柔軟に働く形態を指します。remote work, telework や telecommute も使います。tele- は「遠い」「遠距離通信の」を意味する接頭辞です。
　four-day workweek は「週4日勤務制」「週休3日制」。

週5日40時間労働は、現在では世界的な潮流ですが、40時間労働を週4日で達成したり、週労働時間を40時間から32時間に短縮しようという動きのこと。

hybrid workplaceは「ハイブリッド勤務体制の職場」。

在宅勤務と出勤を組み合わせる働き方を採用する職場のこと。

in-person meeting
「対面で会うミーティング」

これはretronym（「懐古」「復古」の意味のretroと、「語」を表すnymの合成語）です。

かつてミーティングは対面で行うのが普通でした。しかし、remote workの時代には、onlineやvirtualのものと区別して、「対面での」「じかに会う」という意味を明確にさせるために、in-personやin real life〔IRL〕などの語句を付け加えるようになったものです。meeting以外にもdatingやinterviewingなども、こうした区別が必要になっています。

以前は、カメラといえば当然フィルムを使用するものだったのですが、digital cameraの出現により、それと区別してわざわざfilm cameraと呼ぶことがあります。他の例としては、day baseball, acoustic guitar, snow skiなどがあります。つまり、野球の試合といえば日中に行われるもの、ギターといえばアコースティ

ック（電気アンプによって音を増幅していない）、スキーは雪の上を滑走するものが普通だったのですが、night baseball（「ナイター」は和製英語）やelectric guitarやwater skiが普通の言葉になってしまったので、遡ってもともとのコンセプトを表す語が必要になって生まれた表現のことです。

最近、alcohol beerという表示を見て驚いたことがあります。これもnon-alcohol［alcohol-free］beerと区別する必要があるのでしょう。

peer pressure
「（仲間集団からの）同調圧力」
peerは「（社会的に）同等の地位の人」「同僚」「友人」のことで、peer pressureは「仲間と行動や価値観を共有して適応するように求める、集団からの社会的・心理的圧力」のこと。**peer recommendation**は商品やサービスの購入を決定する際に効果的な「仲間の推薦」。

passive-aggressive behavior
「受動的攻撃行動」で、「（沈黙する、ふくれる、すねるなどの）受動的方法で表現される（不服従などの抵抗を示す）攻撃的行動」のことです。

deliver the goods

「期待に添う」「約束を実行する」

　文字どおりには「品物を届ける」ですが、イディオムとしては「約束を果たす」「期待［要求］に添う」ということ。deliverだけでも同じ意味で使い、He's a brilliant talker but can he deliver?（彼はすばらしく話のうまい人だが、実績を出すことができるだろうか）とか、Can he deliver on his promise?（彼は約束を果たせるだろうか）のように言います。

jump ship

「（他社に移るために急に）仕事を辞める」「組織を離れる」

　もともとは「（船員が）契約期間を満たさずに船を下りる」「（無断で）持ち場を去る」という意味でしたが、現在では「（急に）会社を辞める」という意味の俗語としてよく使われます。

そのとおりです

You can say that again.

「まったくそのとおりです」

　口語表現としてはほかに、Tell me about it. があります。これは「自分も同じ経験をしたことがあるのでよくわかります」「そうなのですよ」という共感の気持

ちを表す文句。Tell me more about it. は、「もっと詳しく聞かせてください」ということですが、相手に話をするよう促すことばとしても使われます。しかし、Tell me about it. は状況によっては反語的に「（あなたに言われなくても）わかっているよ」ということで、もうそれ以上言うなという意思表示にもなります。また、You're telling me! は「（言われなくとも）わかっていますよ」ということ。me にストレスを置いて発音します。

Your guess is as good as mine.
「あなたの推測は私の推測に劣らない」ということですが、「あなたがわからないのであれば、私にもわかるはずがない」という意味のイディオムです。

Truer words were never spoken.
「まさしくそのとおりです」
「そのことばより真実味のあることばが、今まで発せられたことがない」「今まででいちばん真実味のあることばだ」ということ。相手の言ったことが本当だと認める時に言うものです。
　"You should never work for a boss you can't respect." "Truer words were never spoken."
　（「尊敬のできない上司の下では決して働くべきではないよ」「まさしくそのとおりですね」）のような会話が

あるかもしれません。

Great minds think alike.
「賢い人の考えることは同じだ」という意味ですが、相手の考えが自分の考えと一致した時にふざけて言う決まり文句です。

alive and kicking
「元気で動き回っている」(alert and active) ということで、How are you? に対する返事としても使われます。alive は「生きている」ということですが、kickingは捕らえられた動物が足を動かしている様子とか、胎児が母親のお腹の中で足を蹴っている様子などと言われています。しかし、この表現は18世紀から使われていて、最初はロンドンの魚屋さん (fishmonger)が魚の新鮮さを表すために用いたという説もあるようです。

　2022年12月、イギリス議会でのビデオによる演説の中で、ウクライナのゼレンスキー大統領は、Ukraine is alive and kicking. と述べ、ウクライナは戦争に決して負けていないことを強調していました。

preach to the converted
「釈迦に説法する」「余計な世話を焼く」
「すでに改宗［改心］している者に説教を行う」とい

うのが文字どおりの意味。例えば、スマートフォンをすでに上手に活用している人に、スマートフォンの利便性について話をしている状況などを指します。

go-to
［形］「主力の、頼りになる」

　最近、特にアメリカでよく使われるようになってきた語の1つ。go-to guy は「（組織の中において）頼りになる［最適な］人」「（チームを引っ張る）主力選手」のこと。go-to X と物について言えば、「最もよく使うX」「頼りにできるX」ということ。

be on the same wavelength
「波長が合う」「（話が）かみ合う」

「（好みや趣味、意見などを同じくするので）わかり合えている」といったイディオムです。wavelength（波長）は「互いの気持ちや意思などの通じ具合」を意味します。be on the same page も同じような意味で使います。

walk in the park
「たやすいこと」「朝飯前のこと」

「公園の中の散歩」から「楽にできること」の意味のイディオム。同じような意味で、a piece of cake や cinch もよく使われます。

not to change the subject
「話は変わりますが」「それはそうとして」

　直訳すれば「話題を変えるつもりはないが」ですが、butなどと続けて、実際には話題を変える時に用いるフレーズ。こうした場合に使えるものとしては、ほかに **by the way** や **incidentally** もあります。ストレートに「話題を変えたい」と言いたい時には、**on an entirely different matter** とか **Allow me to sidetrack a little bit, but ...** などと切り出す方法もあります。

運命共同体

---

be in the same boat
「同じ境遇にある」「運命を共にしている」
「同じ船に乗っている」というところからの比喩です。**miss the boat** [bus] は「船 [バス] に乗り遅れる」から「好機を逸する」「しくじる」、**burn one's boats** は「船を焼く」から「後戻りできない状況を自ら作る」「不退転の決意をする」という意味で、いずれも口語のイディオムです。

rock the boat
「(無用の) 波風を立てる」「面倒を起こす」
　rockは動詞で「激しく揺さぶる」「動揺させる」という意味。boatは「船」のことですが、日本語の「ボ

ート」より大きな汽船や客船、大型船までも含む場合
があります。

Whatever floats your boat.
「お好きなように」「何でもやりたいようにやりなさい」

「あなたの船を浮かべるものが何であれ」から、「あなたの好きなようにすればいい」（Whatever suits you [soothes your soul].）という意味で使われます。「自分としてはよく理解［賛成］できないけれど、あなたさえよければそれでもいいでしょう」というニュアンスです。

nothing to write home about
「取り立てて言うほどではないこと」「話にもならないこと」

　直訳すれば「手紙を書いて家に知らせるほどではないこと」だが、「大したことではない」「つまらないことだ」といった意味で使います。通常は否定文で使うことが多いのですが、something to write home about は「大したものだ」ということになります。似たような表現の nothing to sneeze [be sneezed] at は「ばかにならない」で、「かなりの（額）」「かなり大きな（こと）」「価値がある（こと）」といった意味。

bring something to the table
「何かを机の上に載せる、話題を持ち出す」

「議論のためのテーマや提案を持ってくる」ということ。あるいはもっと広く、「何らかの技能や知識、知見などを持ってくる」という意味でも用います。bring the two sides to the negotiating table と言えば、「両者を交渉のテーブルに着かせる」ということ。

be late for one's own funeral
「（自分の葬式にも遅れて来るような）時間にだらしのない」

　こんなことはあり得ないのですが、「いつも遅刻をしてくる人」への誇張した訓戒です。

can't walk and chew gum at the same time
「ガムをかみながら歩く（2つのことを同時にする）ことができない」

　ウォーターゲート（Watergate）事件で失脚したリチャード・ニクソン大統領の後任として1974年に第38代大統領に就任したジェラルド・フォード（Gerald Ford, 1913-2006）を評して、第36代大統領だったリンドン・B・ジョンソン（Lyndon B. Johnson, 1908-73）が、He can't walk and chew gum at the same time. 「彼は2つのことを同時にできない、不器用な人間だ」と述べたことは有名です。

参考文献

· Brush up Your Bible！（Harper Collins）
· Cultural Literacy, The（Houghton Mifflin）
· Dictionary of American Idioms, A（Barron's）
· Dictionary of Catchphrases（Cassell）
· Dictionary of Clichés, The（Wings Books）
· Dictionary of Cultural Literacy, The（Houghton Mifflin）
· Dictionary of English Language and Culture
  （Longman）
· Dictionary of Modern Proverbs, The（Yale）
· Dictionary of Popular Proverbs and Sayings（Random
  House）
· Facts on File Dictionary of Clichés, The（Checkmark
  Books）
· Facts on File Encyclopedia of Word and Phrase Origins,
  The（Checkmark Books）
· First Dictionary of Cultural Literacy, A（Houghton
  Mifflin）
· It's Greek to Me（Harper Collins）
· NTC's Dictionary of Everyday American English
  Expressions（NTC Publishing Group）
· NTC's Dictionary of Proverbs and Clichés（NTC
  Publishing Group）
· 101 American English Proverbs（McGraw Hill）

- 101 American Superstitions（Passport Books）
- 101 American Customs（Passport Books）
- 101 Best Opening Lines（Harmony Books）
- Oxford Companion to the English Language（Oxford University Press）
- Oxford Dictionary of Catchphrases, The（Oxford University Press）
- Oxford Companion to the English Language, The（Oxford University Press）
- Rawson's Dictionary of Euphemisms and Other Doubletalk（Crown）
- Shorter Dictionary of Catch Phrases（Routledge）

（オンライン辞書）
- Dictionary.com
- Online Etymology Dictionary
- Urban Dictionary

- 『シェイクスピアの名せりふ』マイクル・マクローン著、村上淑郎、小田島雄志訳（ジャパンタイムズ）
- 『アメリカの迷信さまざま』ジュリー・バチェラー、クローディア・ドリス著、横山一雄訳（北星堂書店）
- 『教養として学んでおきたいギリシャ神話』中村圭志著（マイナビ新書）
- 『聖書がわかれば世界が見える』池上彰著（SB新書）

杉田　敏 すぎた さとし

元NHKラジオ「実践ビジネス英語」講師、昭和女子大学客員教授。1944年、東京神田生まれ。1966年青山学院大学経済学部卒業後、「朝日イブニングニュース」の記者となる。1971年にオハイオ州立大学に留学、翌年修士号（ジャーナリズム）を取得。「シンシナティ・ポスト」経済記者から、1973年国際的PR会社バーソン・マーステラのニューヨーク本社に入社。日本ゼネラル・エレクトリック取締役副社長、バーソン・マーステラ（ジャパン）社長、ブラップジャパン代表取締役社長などを歴任した。2021年3月まで通算32年半、NHKラジオでビジネス英語の講師を務める。2020年度NHK放送文化賞受賞。著書に『英語の新常識』（集英社インターナショナル）、『アメリカ人の「ココロ」を理解するための　教養としての英語』（NHK出版）など多数。

英語の極意 えいご ごくい

2023年4月12日　第1刷発行　　　　　インターナショナル新書120

著　者	杉田　敏 すぎた さとし
発行者	岩瀬　朗
発行所	株式会社 集英社インターナショナル
	〒101-0064 東京都千代田区神田猿楽町1-5-18
	電話 03-5211-2630
発売所	株式会社 集英社
	〒101-8050 東京都千代田区一ツ橋2-5-10
	電話 03-3230-6080（読者係）
	03-3230-6393（販売部）書店専用
装　幀	アルビレオ
印刷所	大日本印刷株式会社
製本所	加藤製本株式会社

©2023 Sugita Satoshi　　Printed in Japan
ISBN978-4-7976-8120-8 C0282